INTRODUÇÃO À
ECONOMETRIA

O selo DIALÓGICA da Editora InterSaberes faz referência às publicações que privilegiam uma linguagem na qual o autor dialoga com o leitor por meio de recursos textuais e visuais, o que torna o conteúdo muito mais dinâmico. São livros que criam um ambiente de interação com o leitor – seu universo cultural, social e de elaboração de conhecimentos –, possibilitando um real processo de interlocução para que a comunicação se efetive.

Luiz Rogério Alves dos Santos

INTRODUÇÃO À ECONOMETRIA

EDITORA intersaberes

Rua Clara Vendramin, 58 . Mossunguê
CEP 81200-170 . Curitiba . PR . Brasil
Fone: (41) 2106-4170
www.intersaberes.com
editora@editoraintersaberes.com.br

Conselho editorial
Dr. Ivo José Both (presidente) | *Dr.ª Elena Godoy*
Dr. Neri dos Santos | *Dr. Ulf Gregor Baranow*

Editora-chefe
Lindsay Azambuja

Supervisora editorial
Ariadne Nunes Wenger

Analista editorial
Ariel Martins

Preparação de originais
Ana Maria Ziccardi

Edição de texto
Gustavo Piratello de Castro
Olívia Lucena

Capa
Luana Machado Amaro

Projeto gráfico
Bruno Palma e Silva | *Sílvio Gabriel Spannenberg*

Diagramação
Sincronia Design

Equipe de *design*
Luana Machado Amaro |
Sílvio Gabriel Spannenberg

Iconografia
Sandra Lopis da Silveira |
Regina Claudia Cruz Prestes

Dados Internacionais de Catalogação na Publicação (CIP)
(Câmara Brasileira do Livro, SP, Brasil)

Santos, Luiz Rogério Alves dos
   Introdução à econometria/Luiz Rogério Alves dos Santos.
Curitiba: InterSaberes, 2019. (Série Matemática Aplicada)

   Bibliografia.
   ISBN 978-85-227-0096-7

   1. Análise de regressão 2. Econometria 3. Modelos lineares (Estatística) 4. Probabilidades I. Título. II. Série.

19-27805   CDD-330.015195

Índices para catálogo sistemático:
1. Econometria   330.015195

Cibele Maria Dias – Bibliotecária – CRB-8/9427

1ª edição, 2019.

Foi feito o depósito legal.

Informamos que é de inteira responsabilidade do autor a emissão de conceitos.

Nenhuma parte desta publicação poderá ser reproduzida por qualquer meio ou forma sem a prévia autorização da Editora InterSaberes.

A violação dos direitos autorais é crime estabelecido na Lei n. 9.610/1998 e punido pelo art. 184 do Código Penal.

Sumário

Apresentação 11

Organização didático-pedagógica 14

Introdução 17

1. Dados econômicos e suas fontes 19
   - 1.1 O que são dados econômicos? 20
   - 1.2 Fontes de dados 31

2. Probabilidades 43
   - 2.1 Variáveis aleatórias 44
   - 2.2 Distribuição de probabilidades 47
   - 2.3 Medidas descritivas de dispersão e momentos 54
   - 2.4 Distribuições 62
   - 2.5 Principais curvas de distribuição de probabilidade 66

3. Inferência estatística 85
   - 3.1 Amostragens aleatórias 86
   - 3.2 Distribuição amostral da média 91
   - 3.3 Lei dos grandes números e teorema do limite central 91

- 3.4 Estimadores e suas propriedades 93
- 3.5 Intervalos de confiança para a média da população 95
- 3.6 Testes de hipóteses relativas à média da população 98

4. Análise de regressão 109
    - 4.1 Método de regressão linear 110
    - 4.2 Estimação dos coeficientes do modelo de regressão linear 112
    - 4.3 Estimador de mínimos quadrados ordinários 114
    - 4.4 Hipóteses de mínimos quadrados ordinários 116
    - 4.5 Intervalos de confiança para coeficientes de regressão 120
    - 4.6 Testes de hipóteses sobre os coeficientes de regressão 121

5. Regressão linear com múltiplos regressores 147
    - 5.1 Modelo de regressão múltipla 148
    - 5.2 Estimador de mínimos quadrados ordinários na regressão múltipla 149
    - 5.3 Regressão binária 150
    - 5.4 Definição de viés de omissão de variáveis 151
    - 5.5 Hipótese de mínimos quadrados na regressão múltipla 153
    - 5.6 Teste de hipótese aplicado ao modelo de regressão múltipla e aos intervalos de confiança para um único coeficiente 156
    - 5.7 Escolha de modelos utilizando o teste F 157
    - 5.8 Intervalos de confiança para coeficientes múltiplos 158
    - 5.9 Homocedasticidade e heterocedasticidade 158

6. Funções de regressão não linear e índices   177

   6.1 Modelagem de funções de regressão não linear   178

   6.2 Números-índices   185

Considerações finais   201

Referências   203

Bibliografia comentada   205

Anexos   206

Respostas   217

Sobre o autor   221

Dedico este livro à minha esposa, Andrea Rossetto, à minha filha, Eloiza Rossetto, e à minha mãe, Ilza Guedes. Agradeço a elas pelo cuidado, pela paciência e pela compreensão durante a execução desta obra.

Apresentação

Desde que o Brasil se inseriu na economia mundial – a princípio, apenas como fornecedor de matérias-primas, passando pela industrialização ocorrida ao longo do século XX e pela estabilização da inflação ocorrida neste século –, a matemática tem sido uma importante ferramenta de análise, permitindo que as principais decisões tomadas pelos formuladores das políticas econômicas fossem, na maioria das vezes, solidamente fundamentadas em métodos quantitativos.

Esses recursos, a partir dos anos 1930, foram reforçados por métodos econométricos que, nesse tempo, já tinham o status de disciplina ligada à economia. Esse impulso se deu pela abrangente utilização das ferramentas estatísticas voltadas a estudos demográficos, que havia tido grandes avanços no século XIX.

No momento atual, quando o desemprego e o descontrole das contas públicas são os grandes desafios econômicos pelos quais o Brasil passa, a econometria se faz mais uma vez presente, contribuindo com seu sólido corpo metodológico para que sejam escolhidas as melhores soluções, de sorte que país volte à sua trajetória de crescimento e de controle fiscal.

Nesse contexto, este livro tem a pretensão de, mesmo que minimamente, apresentar os fundamentos necessários da econometria para que o leitor inicie sua caminhada no instigante conjunto de ferramentas tão largamente utilizado nas ciências econômicas. Nesse sentido, concebemos o conteúdo de modo a atender a estudantes de graduação nas áreas da matemática, da engenharia, da economia e da administração, podendo ser utilizado em cursos de educação tanto a distância quanto presencial. A organização da obra visa proporcionar o estudo agradável e progressivo sobre os fundamentos da econometria.

O caminho escolhido passa, primeiramente, pela revisão dos fundamentos das probabilidades e das distribuições mais utilizadas em análises econômicas para, posteriormente, abordar os fundamentos das regressões lineares, simples, múltiplas e não lineares.

Portanto, no Capítulo 1, trataremos dos principais tipos de dados utilizados em estudos econômicos, alguns deles conhecidos por serem utilizados em matérias jornalísticas, bem como em conversas cotidianas que temos com amigos e colegas de trabalho. A ideia é abordar esse assunto de maneira que você possa distinguir as principais características, limitações e funções desses dados.

Nos Capítulos 2 e 3, revisaremos tópicos essenciais para o entendimento da econometria, como as variáveis aleatórias e a distribuição de probabilidades, a esperança matemática, as principais medidas de dispersão e os testes de hipóteses (bem como seus estimadores e suas propriedades). Isso fará com que você relembre os fundamentos de estatística necessários para a introdução dos conceitos relativos à regressão linear que serão utilizados nos capítulos subsequentes.

Nos Capítulos 4 e 5, analisaremos os princípios das regressões lineares, o que auxilia a utilização do método dos mínimos quadrados ordinários para encontrar o melhor ajuste do conjunto de dados analisados. Além do modelo de regressão simples, que emprega apenas uma variável explanatória, veremos o de regressão múltipla, que, como supõe o nome, utiliza mais de uma variável explanatória. Especificamente em relação aos modelos de regressão múltipla, recomendamos que, caso você não tenha domínio dessas ferramentas, faça uma boa revisão de álgebra matricial.

Esses assuntos são de fundamental importância para aqueles que pretendem trabalhar em instituições financeiras privadas, prestar concursos para bancos públicos ou para cargos ligados ao fisco, entre outros. As variáveis do tipo *dummy*, por sua vez, são bastante utilizadas em pesquisas qualitativas que envolvem a percepção acerca de algum evento, produto ou serviço.

Por fim, no Capítulo 6, discutiremos sobre a regressão não linear, com as funções Cobb-Douglas, largamente utilizadas na microeconomia em assuntos como as funções de utilidade. Além disso, verificaremos alguns dos principais índices utilizados na análise de dados econômicos, como os indicadores de inflação.

Bons estudos!

Organização didático-pedagógica

Esta seção tem a finalidade de apresentar os recursos de aprendizagem utilizados no decorrer da obra, de modo a evidenciar os aspectos didático-pedagógicos que nortearam o planejamento do material e como você pode tirar o melhor proveito dos conteúdos para seu aprendizado.

Introdução Logo na abertura do capítulo, você é informado a respeito dos conteúdos que nele serão abordados, bem como dos objetivos que o autor pretende alcançar.

Síntese Você conta, nesta seção, com um recurso que o instigará a fazer uma reflexão sobre os conteúdos estudados, de modo a contribuir para que as conclusões a que você chegou sejam reafirmadas ou redefinidas.

Exemplos Nessa seção, o autor apresenta aplicações práticas dos temas abordados no capítulo

Exercícios resolvidos Nesta seção, a proposta é acompanhar passo a passo a resolução de alguns problemas mais complexos que envolvem o assunto do capítulo.

Atividades de autoavaliação Com estas questões objetivas, você tem a oportunidade de verificar o grau de assimilação dos conceitos examinados, motivando-se a progredir em seus estudos e a se preparar para outras atividades avaliativas.

Atividades de aprendizagem Aqui você dispõe de questões cujo objetivo é levá-lo a analisar criticamente determinado assunto e aproximar conhecimentos teóricos e práticos.

Bibliografia comentada Nesta seção, você encontra comentários acerca de algumas obras de referência para o estudo dos temas examinados.

Introdução

Por estudar a relação dicotômica entre as necessidades infinitas do ser humano em um mundo com recursos limitados, a economia é, por definição, a **ciência da escassez**, pois, por mais que as tecnologias ligadas à produção de bens e serviços avancem, sempre surgirá uma nova demanda de consumo. Se você tem alguma dúvida em relação a essa afirmação, basta comparar a quantidade de objetos presentes em sua casa com aqueles presentes na casa de seus avós.

Como curiosidade, alguns historiadores que se propuseram a estudar os hábitos de consumo das famílias do século XIX afirmam que era comum, nesse período, que os moradores de determinada residência soubessem a quantidade exata de objetos que havia nela. Hoje, mesmo em sociedades de renda média, como é o caso do Brasil, são poucas as famílias, ainda que entre as mais pobres, que saberiam informar, com certeza, as quantidades de colheres, garfos ou peças de roupas que existem em suas casas se indagadas a respeito disso.

Apesar de ter, nas necessidades humanas, individuais e coletivas, o seu principal objeto de estudo e, em razão disso, ser considerada uma ciência social, a economia também tem uma dimensão quantitativa, já que não há como lidar com questões ligadas à demanda, à produção e ao consumo sem lançar mão de ferramentas matemáticas que permitam quantificar, medir e estimar grandezas ligadas aos insumos e à produção de materiais, entre outros.

Todavia, apesar de sua dimensão numérica como ciência social, grande parte das hipóteses levantadas pela teoria econômica são de natureza qualitativa, o que significa que são essencialmente subjetivas e sem a precisão necessária para ser aplicadas diretamente na solução de questões de ordem prática.

O avanço da informática facilitou, e muito, o trabalho da análise de dados econômicos. Pacotes como o Stata e o R, quando bem utilizados, possibilitam a análise relativamente rápida de dados que levariam meses para ser corretamente analisados. Caso você tenha familiaridade com alguma linguagem de programação orientada a objetos, é possível que se sinta confortável desenvolvendo suas análises utilizando a linguagem Python.

Também há vários pacotes de *softwares* desenvolvidos para a realização de análises de regressão linear múltipla, que são a base da econometria, como é o caso do Eviews (Econometric Views), do Limdep (Limited Dependent Variable Modeling) e do Gretl (Gnu Regression, Econometrics and Time-Series Library), sendo que este último tem como vantagem ser livre e ter código aberto, o que possibilita sua modificação e sua redistribuição. Uma limitação deste livro é não tratar dos pacotes estatísticos e matemáticos utilizados na análise de dados econômicos, deixando a cargo do leitor que deseje se aprofundar nesse assunto a tarefa de pesquisá-los.

Esperamos que você aproveite esta oportunidade de enriquecer seu repertório de conhecimentos de forma a compreender melhor o mundo em que vivemos.

Portanto, desejamos que esta obra sirva de ponto de partida para uma bela jornada pela ciência de dados, um dos campos profissionais mais promissores das próximas décadas.

Dados econômicos
e suas fontes

Neste capítulo, abordaremos temas introdutórios necessários a quem pretende desenvolver pesquisas na área de economia. Analisaremos os principais tipos de dados utilizados em economia, bem como suas principais fontes.

Concluiremos o capítulo com uma atividade sobre uma situação hipotética envolvendo regressão linear.

1.1 O que são dados econômicos?

Pela teoria econômica, é possível afirmar que **o aumento de preços do produto A gera o aumento da demanda do produto B, seu substituto**, o que, em linguagem econômica, significa que há uma relação positiva entre o aumento dos preços do produto A e o aumento da demanda de seu substituto. Todavia, sem a rigorosa coleta de dados e o adequado tratamento matemático, não é possível afirmar qual será a ordem de grandeza do aumento de demanda.

Questões prementes como qual será a expectativa da taxa de inflação para o próximo ano, a expectativa de demanda por veículos para o próximo ano e para serviços educacionais para os próximos anos, por exemplo, são fundamentais para as tomadas de decisão tanto dos planejadores de políticas públicas quanto de um pequeno empresário, cujo horizonte de operação é apenas o seu bairro.

Uma vez que as respostas para questões que envolvem a vida econômica de indivíduos, empresas e até de nações devem ir muito além dos simples "vai subir" ou "vai cair", é necessário que elas estejam assentadas em um sólido e confiável corpo de dados para que o processo decisório não esteja exposto a um nível de riscos maior do que o aceitável.

Portanto, os dados econômicos são a matéria-prima das informações que serão utilizadas para instruir as análises econômicas e darão subsídios necessários aos tomadores de decisão. A qualidade das decisões tomadas mediante as informações em que se baseou o processo decisório tem relação direta com a qualidade das fontes e dos dados utilizados.

Uma vez que a economia está presente em praticamente todas as atividades humanas, os dados econômicos podem ser obtidos em toda parte. Um simples passeio ao supermercado pode ser uma ótima fonte de informações relativas aos hábitos de consumo das famílias que frequentam aquele estabelecimento. A quantidade de ruas engarrafadas em determinados dias do mês, em tempos de combustível caro, pode indicar as escolhas dos motoristas em relação ao consumo de combustível. Mesmo o perfil das propagandas veiculadas pela TV em determinadas épocas do ano pode indicar a quantas anda o bolso dos cidadãos.

Você já deve ter percebido que, em meses de 13º salário, há um aumento da veiculação de propagandas de produtos e serviços com maior valor agregado. Sempre que há alguma troca de natureza econômica, há a possibilidade de se levantar dados que, por meio do correto tratamento analítico, podem tornar-se informações úteis para a tomada de decisão.

A natureza subjetiva inerente à teoria econômica faz com que a escolha dos dados que serão utilizados seja fator determinante para o sucesso de uma pesquisa, pois, como você já compreendeu, é somente por meio da correta escolha de dados e do seu cuidadoso tratamento analítico que se pode verificar se uma hipótese aventada pela teoria econômica é válida ou se ela deve ser refutada para determinado caso.

1.1.1 População e amostra

Quando nos referimos à **população** no contexto da análise de dados, sejam eles econômicos, sejam de outras áreas do conhecimento, estamos tratando de um conjunto de elementos – finito ou infinito –, que têm algum tipo de característica em comum passível de ser analisada. O número de endividados de um país, o número de motores produzidos por uma fábrica, o número de clientes de um determinado estabelecimento comercial são exemplos de população.

> A **mostra populacional** é o conjunto de elementos destacado de um conjunto maior, que podemos chamar de *população*. Quando selecionamos um grupo de trabalhadores cujos salários podem ser utilizados para inferir o ordenado de todos os empregados de determinado setor temos o exemplo de uma amostra populacional.

1.1.2 Tipos de dados

Para que os eventos econômicos observados nas atividades humanas possam ser convertidos em dados econômicos e utilizados em uma pesquisa, é preciso que sejam formalmente documentados, pois a mera observação de um fenômeno, sem a correta documentação, não é suficiente para que tenhamos dados com a qualidade adequada. Outra forma de obter informações para uma pesquisa é utilizar aquelas disponibilizadas por empresas, privadas ou públicas, que gozem de boa reputação. A escolha entre um tipo ou outro é determinada pela natureza do trabalho que se deseja realizar.

Pesquisas feitas no âmbito interior de uma empresa, como grau de endividamento, perda de insumos, satisfação dos clientes etc., utilizam dados levantados internamente, a partir de informações da própria instituição; já para as que envolvem grandes agregados, como é o caso das pesquisas sobre a inflação ou sobre a demanda, recomenda-se o uso de dados disponibilizados por empresas de pesquisa, como o Instituto Brasileiro de Geografia e Estatística (IBGE) ou a Fundação Getúlio Vargas (FGV), em razão da grande mobilização de recursos necessários para a realização de um trabalho desse alcance e dessa importância.

No trabalho com dados e informações, surgem dois termos que, muitas vezes, são tratados como sinônimos por leigos e se referem a dois importantes conceitos: **índice** e **indicador**.

Neste livro, quando nos referirmos ao termo *índice*, estaremos aludindo a um valor numérico que representa a realidade de um evento econômico. Os índices são obtidos por meio de métodos adequados e são utilizados como instrumentos de previsões que servem de subsídio para as tomadas de decisão. Quando usarmos o termo *indicador*, por sua vez, estaremos nos referindo a um parâmetro tomado de maneira isolada ou combinada, de forma a contribuir para a análise de um evento econômico.

Os índices econômicos são construídos levando em conta os dados obtidos pelo processo de monitoramento dos indicadores econômicos ao longo do tempo. Os índices econômicos mais conhecidos são o Produto Interno Bruto (PIB), que representa a soma dos valores de todos os bens e serviços que foram produzidos em uma determinada região durante um certo período, e o Índice de Preços ao Consumidor Amplo (IPCA), que mede a variação do custo de vida das famílias com chefes assalariados e com rendimento mensal compreendido entre 1 e 40 salários mínimos mensais. Além desses, existe uma infinidade de outros índices econômicos construídos com os mais variados indicadores e com os mais diversos objetivos.

A Figura 1.1 representa, de maneira sucinta, o processo de obtenção de dados econômicos, no qual, em um primeiro momento, as atividades são observadas e medidas para, na sequência, tornarem-se dados passíveis de serem utilizados em análises econômicas.

Figura 1.1 – Obtenção de dados econômicos

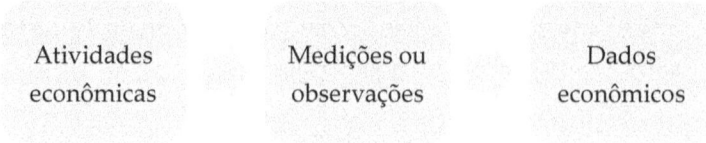

É preciso ressaltar que a correta escolha dos dados é fundamental para o bom desenvolvimento de uma análise matemática. Por essa razão, vale a pena dispender tempo e energia para definir os dados mais adequados a determinado estudo. O primeiro passo para isso é conhecer os principais tipos de dados utilizados para cada tipo de pesquisa. Vamos tratar deles a seguir.

1.1.3 Séries temporais

Segundo Gujarati e Porter (2011, p. 45), "Uma série temporal é um conjunto de observações dos valores que uma variável assume em diferentes momentos do tempo". Os autores explicam que as **séries temporais** podem ter seus dados coletados em intervalos de tempo regulares, ou seja, diários, semanais, mensais etc.

Em razão dos avanços nas áreas da informática e das comunicações, as coletas de dados podem ser feitas em intervalos extremamente curtos; são as chamadas *cotações em tempo real*, largamente utilizadas em bolsas de valores e no acompanhamento da variação cambial de moedas estrangeiras, como o dólar e o euro, e, até mesmo, de criptomoedas, como o *bitcoin*, o *ether* e o *litecoin*.

Para melhor ilustrar a ideia de periodicidade da coleta de dados e como ela varia de acordo com as características do índice, podemos apontar o PIB, cujos dados são obtidos trimestralmente, e o Índice de Preços ao Consumidor (IPC), com informações quinzenais. A periodicidade da coleta de dados que irão compor um índice varia de acordo com o custo dispendido para sua obtenção e as restrições técnicas, entre outros aspectos.

Gráfico 1.1 – Evolução do PIB brasileiro entre 2000 e 2016 (em trilhões)

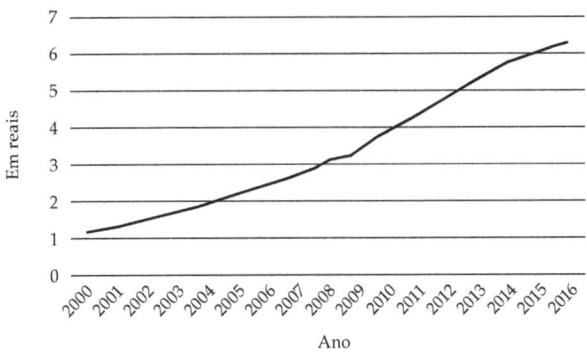

Fonte: Elaborado com base em IBGE, 2017.

No Gráfico 1.1, podemos um exemplo desse aspecto da periodicidade no comportamento do PIB ao longo do período que vai de 2000 a 2016.

1.1.4 Dados em corte transversal

Diversamente do que ocorre nas séries de dados temporais, a variável – ou as variáveis – em geral, é coletada no mesmo recorte temporal. Para ilustrar esse conceito, na Tabela 1.1, vemos um exemplo de **dados em corte transversal**, em que a quantidade de litros de leite e os preços médios ao produtor foram coletados nos primeiros semestres dos anos de 2016 e 2017.

Vale observar que os dados da Tabela 1.1 também podem ser considerados combinados, pois, além de elementos temporais, há elementos de corte transversal, em que existem 14 dados combinados para cada ano.

Tabela 1.1 – Comparativo entre produção e preços do leite nos anos de 2016 e 2017

Estado	Y1	Y2	X1	X2
GO	912	858	R$ 1,24	R$ 1,30
MG	3201	3144	R$ 1,22	R$ 1,37
RS	816	792	R$ 1,12	R$ 1,34
SP	978	960	R$ 1,17	R$ 1,37
PR	1014	966	R$ 1,13	R$ 1,35
BA	666	654	R$ 1,04	R$ 1,27
SC	606	585	R$ 1,19	R$ 1,32

Fonte: Elaborado com base em Cepea, 2017; IBGE, 2019c*.

Notas:
Y1: quantidade de leite produzida no primeiro semestre de 2016 (em litros);
Y2: quantidade de leite produzida no primeiro semestre de 2017 (em litros);
X1: média do preço do leite ao produtor no primeiro semestre de 2016;
X2: média do preço do leite ao produtor no primeiro semestre de 2017.

1.1.5 Dados combinados

Segundo Gujarati e Porter (2011, p. 46), a principal característica dos **dados combinados** é que "há elementos tanto de séries temporais quanto de corte transversal", em uma mesma amostragem, ou seja, nos dados combinados, temos uma combinação entre os dois tipos anteriores.

Para ilustrar o que são dados combinados, a Tabela 1.2 apresenta o IPCA registrado pelo IBGE em seis das principais regiões metropolitanas brasileiras ao longo de 2017. Na tabela, podemos observar que, para o mesmo recorte, foram apresentados os índices inflacionários referentes às regiões pesquisadas.

---

* A referência indicada refere-se à página do Sidra – Sistema IBGE de Recuperação Automática, na qual é preciso selecionar as variáveis para obter os dados desejados.

Tabela 1.2 – IPCA: variação mensal

Variável – IPCA – Variação mensal (%)
Brasil e Região Metropolitana

	Brasil	Belém (PA)	Fortaleza (CE)	Rio de Janeiro (RJ)	São Paulo (SP)	Curitiba (PR)	Porto Alegre (RS)
Janeiro 2017	0,38	0,37	0,62	0,40	0,23	0,31	0,18
Fevereiro 2017	0,33	0,35	0,30	0,68	0,27	0,44	0,24
Março 2017	0,25	0,23	0,66	0,38	0,31	0,27	0,24
Abril 2017	0,14	0,09	0,08	0,38	0,16	–0,05	0,22
Maio 2017	0,31	–0,13	0,10	0,22	0,36	0,43	0,48
Junho 2017	–0,23	–0,08	–0,25	–0,09	–0,31	–0,14	–0,28
Julho 2017	0,24	0,10	0,01	–0,03	0,38	0,49	–0,12
Agosto 2017	0,19	–0,22	–0,19	0,02	0,29	0,35	0,33
Setembro 2017	0,16	0,22	0,16	0,13	0,19	0,14	0,07
Outubro 2017	0,42	0,31	0,41	0,10	0,5	0,71	0,32

Fonte: IBGE, 2019a*.

1.1.6 Dados em painel ou longitudinais

Quando os dados de uma pesquisa dispostos em corte transversal são acompanhados ao longo do tempo, temos um exemplo de dados em painel.

---

* A referência indicada refere-se à página do Sidra – Sistema IBGE de Recuperação Automática, na qual é preciso selecionar as variáveis para obter os dados desejados.

A ideia básica dos dados em painel é acompanhar as eventuais mudanças que possam ocorrer ao longo do tempo em uma dada unidade pesquisada. Um exemplo desse tipo de disposição de dados é o censo demográfico realizado decenalmente pelo IBGE.

Essa imensa análise populacional busca retratar as alterações econômicas e sociais que, eventualmente, possam ter ocorrido nos lares brasileiros ao longo de 10 anos. Para isso, a pesquisa abrange questões que vão desde a quantidade de moradores de uma residência até o seu comportamento financeiro e religioso.

Algumas informações obtidas no censo do IBGE são fundamentais para que planejadores tanto públicos quanto privados possam tomar decisões com certo grau de segurança. Por meio do censo, é possível saber, por exemplo, qual o tamanho médio das famílias de um determinado bairro. De posse dessa e de outras informações, um planejador público pode dimensionar a quantidade de creches e escolas que devem ser construídas nesse bairro ou um empreendedor do ramo imobiliário pode dimensionar o tamanho dos imóveis que serão construídos nessa região.

A Tabela 1.3 exemplifica a evolução de uma série de dados em painel que relaciona o número de trabalhadores ocupados, por setor econômico, entre os anos de 2007 e 2013, em algumas importantes capitais brasileiras.

Tabela 1.3 – Trabalhadores ocupados, por setor econômico, entre os anos de 2007 e 2013

Curitiba				
	Agricultura	Comércio	Indústria	Serviços
2007	1.360	131.175	124.770	492.645
2008	1.379	140.352	135.013	511.000
2009	1.438	145.189	135.899	537.192
2010	1.422	151.204	153.884	565.873
2011	1.416	159.808	167.529	597.636
2012	1.353	162.994	179.871	632.040
2013	1.466	164.781	172.691	653.559

Belém				
	Agricultura	Comércio	Indústria	Serviços
2007	2.403	57.228	32.764	235.286
2008	2.824	61.352	38.086	253.126
2009	2.192	62.715	39.544	250.277
2010	2.104	68.411	42.853	273.136
2011	2.556	72.723	48.039	288.216
2012	3.855	77.075	49.319	276.887
2013	5.992	78.965	54.200	302.501

Porto Alegre				
	Agricultura	Comércio	Indústria	Serviços
2007	1.463	96.830	69.534	481.608
2008	1.681	105.082	76.330	486.789
2009	1.509	108.086	79.695	490.448
2010	1.578	112.412	87.415	513.139
2011	1.770	116.864	92.869	531.296
2012	1.592	119.748	94.185	554.522
2013	1.733	122.044	94.158	563.189

(continua)

(Tabela 1.3 – conclusão)

Belo Horizonte

	Agricultura	Comércio	Indústria	Serviços
2007	5.098	157.184	191.820	848.993
2008	4.309	165.850	210.154	907.552
2009	3.784	170.428	212.521	930.200
2010	3.790	181.961	228.148	983.933
2011	3.250	187.100	236.412	1.021.065
2012	5.404	196.866	259.253	1.045.067
2013	4.903	195.112	251.791	1.047.631

Recife

	Agricultura	Comércio	Indústria	Serviços
2007	2.366	90.443	69.141	366.781
2008	2.698	96.946	80.104	382.298
2009	2.586	101.670	91.799	402.039
2010	2.511	108.956	102.524	438.494
2011	2.623	117.823	99.864	463.972
2012	2.574	120.968	120.968	493.876
2013	2.688	122.166	122.166	507.120

São Paulo

	Agricultura	Comércio	Indústria	Serviços
2007	3.935	707.416	700.783	2.705.275
2008	3.972	760.866	780.631	2.889.917
2009	3.355	788.947	788.079	3.001.574
2010	3.335	842.059	837.788	3.142.956
2011	3.346	880.988	890.374	3.320.914
2012	4.134	920.812	897.514	3.479.378
2013	3.424	927.687	895.419	3.536.781

Fonte: IBGE, 2019b*.

* A referência indicada refere-se à página do Sidra – Sistema IBGE de Recuperação Automática, na qual é preciso selecionar as variáveis para obter os dados desejados.

Quando o número de observações é o mesmo para cada variável, os dados em painel são do tipo *balanceado*. Esse é o caso da Tabela 1.3, pois, para cada cidade, há o mesmo número de observações. Caso houvesse um descasamento entre o número de observações e de variáveis, diríamos que os dados em painel são do tipo *desbalanceado*.

1.2 Fontes de dados

Quanto à fonte, os dados podem ser classificados como *primários* ou *secundários*.

Dados primários são juízos ou opiniões emitidos pelas pessoas sobre um determinado assunto e são recolhidos por um instrumento de coleta, como um questionário, por exemplo. Para que sejam considerados *primários*, eles não podem ter sido coletados e tratados para atender a alguma pesquisa anterior. Portanto, os dados primários são aqueles que foram coletados para atender a uma demanda específica.

Eles são largamente utilizados em pesquisas de satisfação interna ou de clientes, pesquisas de *marketing* etc., ou seja, aquelas que buscam prospectar as preferências de algum grupo de consumidores ou a satisfação dos colaboradores em relação a alguma nova diretriz interna da empresa.

Como você já deve estar supondo, **dados secundários** são aqueles que foram coletados, organizados e analisados para alguma pesquisa realizada anteriormente. Eles são frequentemente divulgados em sites de universidades e de empresas de pesquisa, privadas ou públicas, como o Serviço Brasileiro de Apoio às Micro e Pequenas Empresas (Sebrae), o Instituto Brasileiro de Geografia e Estatística (IBGE) e a Fundação Getulio Vargas (FGV).

Vale ressaltar que, para alguns exercícios e simulações deste livro, utilizaremos dados secundários obtidos em organizações como as mencionadas, entretanto, elas não são as únicas fontes disponíveis; além delas, existem milhares de outras, como jornais, revistas especializadas e mesmo informações internas de empresas, como folhas de pagamento, de receitas, de vendas etc. É muito comum, por exemplo, que firmas de consultoria se utilizem de dados secundários coletados na própria instituição à qual prestam serviço.

Também é possível classificar os dados como *experimentais* ou *não experimentais*. Os primeiros são utilizados, principalmente, nas ciências naturais, pois, segundo Gujarati e Porter (2011, p. 50), "pesquisador costuma coletá-los mantendo certos fatores constantes para avaliar o impacto de outros aspectos sobre o fenômeno".

Em um modelo econométrico que tenha sido desenvolvido para estimar o número de mortes no trânsito e que relacione as variáveis *velocidade* e *montante de investimentos feitos para a conservação das vias*, podemos isolar uma dessas variáveis para, assim, avaliarmos o impacto que aquela que permaneceu no modelo exerce sobre o valor que pretendemos estimar.

Os dados não experimentais são os mais utilizados pelos pesquisadores da área de ciências sociais. Diferentemente do que ocorre com os experimentais, os dados não experimentais não são controlados pelo pesquisador. Segundo Gujarati; Porter (2011, p. 49):

> dados relativos ao PIB, ao desemprego, aos preços das ações etc. não estão sob o controle direto do pesquisador. Como veremos, a falta de controle geralmente cria problemas para o pesquisador que busca a(s) causa(s) exata(s) que afeta(m) uma situação em particular. Por exemplo, é a oferta de moeda que determina o PIB (nominal) ou é o inverso?

Isso significa que, nas ciências sociais, mais especificamente nas ciências econômicas, não podemos isolar completamente nosso objeto de estudos de forma a verificar seu comportamento em separado. Quando realizamos uma pesquisa referente à variação de preços dos combustíveis, para descobrir o impacto do aumento da oferta de diesel no mercado nacional, não há como separar as variáveis *preço* e *oferta* de outros eventos econômicos ou sociais que possam estar ocorrendo de forma concomitante, como seria o caso de uma greve de caminhoneiros ou o início de uma guerra em um país produtor de petróleo.

1.2.1 Qualidade dos dados escolhidos

A profusão de institutos que disponibilizam informações econômicas em seus *sites* faz com que a escolha dos dados e das fontes mais adequadas seja tão importante para a pesquisa quanto a definição do modelo matemático que será utilizado na análise.

Em relação à escolha da fonte e da coleta de dados, podem surgir problemas como:

- **Falhas de observação** – Ocorrem, principalmente, com os dados não experimentais.

- **Arredondamentos** – São problemas de aproximação; ocorrem, com mais frequência, em dados experimentais.

- **Metodologia de obtenção de dados** – Diferenças metodológicas na forma como os dados são obtidos podem gerar problemas de compatibilidade.

- **Nível de agregamento** – De maneira geral, os dados utilizados em análises econômicas como PIB e inflação por exemplo, têm um alto nível de agregação, o que significa que institutos de pesquisa como o IBGE apresentam dados agregados referentes a grandes regiões geográficas ou a grandes grupos humanos, o que pode causar problemas caso se queira saber a respeito do comportamento de indivíduos.

- **Confidencialidade** – Boa parte das informações sobre hábitos de consumo, fontes de renda e saúde dos indivíduos gozam de sigilo por parte dos órgãos que detêm esses tipos de dados.

No Capítulo 2, serão revisados os fundamentos estatísticos necessários para que você, de posse do conteúdo apresentado neste capítulo, possa analisar e extrair as principais medidas de posição de um conjunto de variáveis aleatórias.

Síntese

No início deste capítulo, abordamos, de maneira sucinta, o que são dados econômicos, como identificá-los, suas principais características e como eles se relacionam com as pesquisas econômicas. Vimos que, na maioria das vezes, os dados econômicos, por serem fruto de uma ciência social, são de natureza qualitativa, ou seja, são de cunho subjetivo e, por essa razão, necessitam de tratamento para que possam ser aplicados diretamente na resolução de problemas práticos. Além disso, verificamos a importância de utilizarem fontes de pesquisa confiáveis, como é o caso do IBGE e da FGV. Também foram apontados diversos problemas que podem ocorrer quando a escolha de dados é feita de forma negligente. Entre os mais prováveis, podemos destacar: falhas de observação, arredondamentos, metodologia, nível de agregamento e confidencialidade.

Atividades de autoavaliação

1. Assinale a alternativa que indica corretamente o que são dados econômicos e em quais aspectos eles se diferenciam dos dados obtidos em um típico experimento de física.
    a) Dados econômicos são aqueles obtidos pela observação dos fenômenos ligados à economia, diferentemente do que ocorre com os dados obtidos por meio de um experimento físico, e, por se referirem a eventos sociais, são de natureza **subjetiva**.
    b) Dados econômicos são aqueles obtidos pela observação dos fenômenos ligados à economia, diferentemente do que ocorre com os dados obtidos por meio de um experimento físico, e, por se referirem a eventos sociais, são de natureza **objetiva**.
    c) Dados econômicos são aqueles obtidos pela observação dos fenômenos ligados à natureza, diferentemente do que ocorre com os dados obtidos por meio de experimentos sociais, e, por se referirem a eventos sociais, são de natureza **substantiva**.
    d) Dados econômicos são aqueles obtidos de experimentos feitos em gravidade zero, diferentemente do que ocorre com os dados obtidos por meio de um experimento social, e, por se referirem a eventos de baixa gravidade, são de natureza **subjetiva**.
    e) Dados econômicos são aqueles obtidos de experimentos sociais feitos em laboratório, diferentemente do que ocorre com os dados obtidos por meio de experimentos químicos, e, por se referirem a eventos sociais, são de natureza **subjetiva** e podem ser repetidos com muita facilidade.

2. O que é uma série temporal?
    a) Uma série temporal é um conjunto de tempos que uma variante assume em diferentes momentos.
    b) Uma série temporal é um conjunto de observações dos valores que uma variável assume sempre no mesmo **instante de tempo**.
    c) Uma série temporal é um conjunto de observações dos valores que uma variável assume em diferentes **momentos do tempo**.

d) Uma série temporal é um conjunto de observações dos valores que uma variável assume em diferentes pontos do espaço.
e) Uma série temporal é um conjunto de constatações dos valores que uma variável assume em único ponto do espaço.

3. O que são dados combinados?
   a) São dados que combinam elementos tanto de séries contínuas quanto de corte meridional.
   b) São gráficos que invertem elementos tanto de séries locais quanto de corte transversal.
   c) São tabelas que invertem elementos tanto de séries temporais quanto de costura transversal.
   d) São dados que combinam elementos tanto de séries temporais quanto de corte transversal.
   e) São dados que combinam elementos tanto de séries espaciais quanto de corte geográfico.

4. O que são dados secundários e em quais tipos de pesquisa eles são comumente usados?
   a) Dados secundários são aqueles que foram coletados, organizados, analisados com o objetivo de subsidiar alguma pesquisa realizada anteriormente; não são utilizados em pesquisas.
   b) Dados secundários são aqueles que foram coletados de forma inédita e só podem ser usados uma vez; são comumente usados em pesquisas feitas por agências governamentais.
   c) Dados secundários são aqueles que foram coletados, organizados, analisados com o objetivo de subsidiar alguma pesquisa realizada anteriormente; são comumente usados em pesquisas quantitativas.
   d) Dados secundários são aqueles que foram coletados, organizados, analisados com o objetivo de subsidiar alguma pesquisa inédita que ainda será realizada; são comumente usados em pesquisas qualitativas.

e) Dados secundários são aqueles que foram coletados, organizados, analisados com o objetivo de subsidiar alguma pesquisa, apenas do tipo qualitativa, que será realizada de forma complementar; são comumente usados em pesquisas qualitativas.

5. Sobre os problemas que podem surgir por causa da escolha desastrada da fonte de dados, analise as afirmativas a seguir e assinale V para as verdadeiras e F para as falsas.
   ( ) Falhas de observação: ocorrem, principalmente, com os dados não experimentais.
   ( ) Arredondamento: são os problemas de aproximação, ocorrem com mais frequência em dados experimentais.
   ( ) Metodologia de obtenção de dados: diferenças metodológicas na forma como os dados são obtidos podem gerar problemas de compatibilidade.
   ( ) Nível de agregamento: de maneira geral, os dados utilizados em análises econômicas, tais como PIB, Inflação etc., apresentam um alto nível de agregação, ou seja, institutos de pesquisa como o IBGE apresentam dados agregados referentes às grandes regiões geográficas ou aos grandes grupos humanos, o que pode causar problemas caso se queira saber a respeito do comportamento de indivíduos.
   ( ) Confidencialidade: boa parte das informações sobre hábitos de consumo, fontes de renda e saúde dos indivíduos gozam de sigilo por parte dos órgãos que detêm esses dados.

   Agora, indique a alternativa que apresenta a sequência correta:
   a) V, F, V, F, F.
   b) F, F, F, F, F.
   c) F, F, F, V, V.
   d) V, V, V, V, V.
   e) F, F, F, F, V.

Atividades de Aprendizagem

Questões para reflexão

1. Aponte quais são os principais tipos de dados utilizados em análises econômicas.
2. Quanto à fonte, os dados podem ser classificados como *dados primários* e os *dados secundários*. Descreva sucintamente cada uma das classificações.
3. A escolha da fonte de dados é um fator determinante para o sucesso de uma análise econômica. Indique quais os principais problemas que podem surgir com a incorreta escolha das fontes de dados.

Atividade aplicada: prática

1. Durante as festas de fim de ano, um estudante de matemática que tem muitos amigos e uma imensa família resolveu realizar uma pesquisa entre seus entes queridos com o objetivo de identificar o impacto da escolaridade nos salários dos brasileiros. Na Tabela 1.4, estão os dados obtidos na pesquisa.

Tabela 1.4 – Anos de estudo × salário médio em milhares de reais (R$/horas)

Anos de estudo	Salário médio por hora (em milhares de reais)	Anos de estudo	Salário médio por hora (em milhares de reais)
3	5,67	11	16,67
4	7,82	12	13,54
5	9,32	13	17,34
6	7,35	14	18,87
7	12,72	15	21,67
8	11,45	16	18,67
9	3,45	17	14,67
10	14,95	18	22,34

Para tratar os dados obtidos na Tabela 1.4, foi utilizada a técnica do método estatístico conhecido como **análise de regressão**. Neste momento, não é preciso se preocupar com esse assunto, pois ele somente será abordado com maior profundidade a partir do Capítulo 4. Para o experimento em questão, vamos aceitar que esse modelo e esses números estão corretos.

Para efetuar a análise utilizamos a seguinte equação:

$$Y_i = \beta_1 + \beta_1 X_i \qquad \text{Equação 1.1}$$

Aplicando a análise de regressão, temos:

$$Y_i = 3{,}103 + 0{,}993 X_i \qquad \text{Equação 1.2}$$

Segundo a Equação 1.2, um ano a mais de estudo implica R$ 0,99 a mais de salário por hora de trabalho, enquanto 3,103 é o ponto onde a linha de regressão corta a linha das ordenadas.

O Gráfico 1.2 mostra o diagrama de dispersão obtido da análise dos dados da Tabela 1.4. Perceba que a nuvem de pontos representa os dados em estado bruto, ou seja, ainda sem o devido tratamento econométrico. Cada ponto do gráfico mostra a relação entre o valor de uma hora de trabalho Y pela escolaridade em anos de estudos X.

Gráfico 1.2 – Anos de estudo × salário médio em milhares de reais (R$/hora)

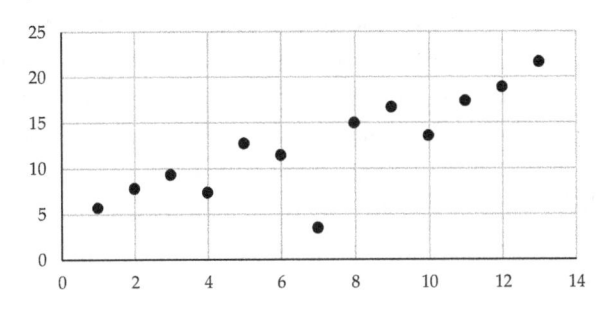

Após a aplicação da Equação 1.2 nos dados da Tabela 1.4, obtemos o Gráfico 1.3, em que temos a linha de regressão, isto é, o conjunto de pontos que representam a estimativa do valor médio da hora de trabalho $\hat{Y}$ pelas horas de trabalho $\hat{Y}$.

Gráfico 1.3 – Linha de regressão

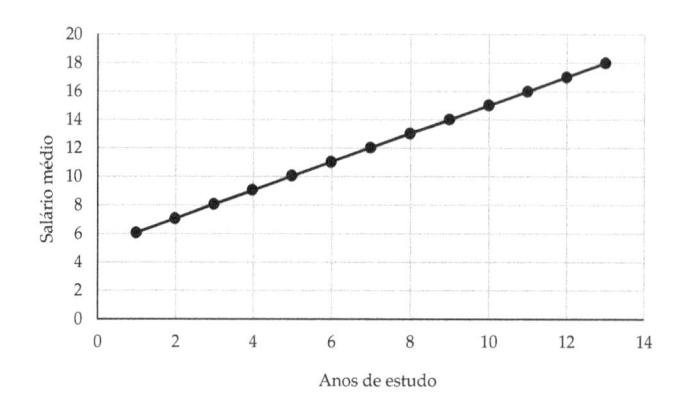

Com base nas informações do Gráfico 1.3, faça as seguintes análises:

a) É consenso que a educação é importante variável para explicar a diferença de renda de determinado grupo de pessoas, seja de um país, seja de uma cidade, seja de uma família. Quando se deseja estimar o impacto da escolaridade na renda dos brasileiros, a base de dados utilizada neste experimento (Tabela 1.4) é a mais adequada? Caso não seja, justifique a sua resposta apontando e explicando que tipo de problemas podem ocorrer.

b) A diferença de renda é um problema bastante sério no Brasil, pois, enquanto alguns recebem muito, outros recebem pouco. Tendo em mente as diferenças sociais presentes na sociedade brasileira, é possível afirmar que este experimento é definitivo e suficiente para explicar as mazelas de nossa sociedade? Caso não seja, quais outras variáveis deveriam ter sido levadas em consideração?

c) Assumindo que a resposta da letra "a" foi negativa, ou seja, a fonte de dados utilizada pelo estudante de econometria não foi a mais adequada para explicar o impacto da escolaridade no salário dos brasileiros, indique cinco fontes de dados que poderiam ser utilizadas.

2

Probabilidades

Neste capítulo, falaremos sobre variáveis aleatórias, suas principais características e o que são distribuição de probabilidade, conceitos-chave de probabilidade básica, o que justifica essa revisão.

Além disso, estudaremos os fundamentos das principais medidas de posição e de dispersão e as distribuições marginais e condicionais, bem como quais são as distribuições mais utilizadas em análises econômicas. Esse conteúdo é fundamental para que você seja capaz de identificar, classificar, calcular variáveis aleatórias e distribuição de probabilidades.

2.1 Variáveis aleatórias

Segundo Sartoris (2003, p. 76), variável aleatória (v.a.) "é uma variável que está associada a uma distribuição de probabilidade. Portanto é uma variável que não tem valor fixo, podendo assumir vários valores". Assim, por definição, temos que: X é uma variável aleatória se o número de valores possíveis para X é finito ou infinito numerável.

Um exemplo clássico de variável aleatória está relacionado ao lançamento de um dado não viciado. Quando se joga um dado simples, com seis faces marcadas com números de 1 a 6, existe a probabilidade de 1/6 de que uma dessas seis faces caia voltada para cima. Caso o dado não seja viciado, trata-se de um experimento aleatório em que uma das faces do dado sempre cairá voltada para cima.

São características de um experimento aleatório:

- os resultados possíveis são conhecidos;
- mantidas as condições, é possível repetir o experimento;
- o resultado é um valor desconhecido que se encontra dentro do conjunto de resultados possíveis.

Vejamos mais alguns exemplos de variáveis aleatórias:

- o resultado da corrida de cavalos que ocorrerá na semana que vem;
- o número de clientes que entrarão em uma loja de calçados e sairão com uma sacola de compras;
- o número de alunos que serão aprovados ao final de um semestre em uma dada disciplina.

O resultado de acontecimentos passados, como eventos esportivos, que, obviamente, já ocorreram e cujos valores são conhecidos, ou valores que podem ser encontrados por meio de modelos determinísticos, como a área de um campo de futebol, a resistência de uma viga ou o ponto de fusão de um metal **não** são considerados variáveis aleatórias.

As variáveis aleatórias são divididas em dois tipos: discretas e contínuas. A seguir, veremos cada um.

2.1.1 Variáveis aleatórias discretas

Variáveis aleatórias discretas são variáveis quantitativas, que assumem valores em um conjunto com elementos enumeráveis.

$\Omega = \{\omega_1, \omega_2, \omega_3 ...\}$

Em que Ω é o espaço amostral.

A Figura 2.1 representa a variável aleatória X, ou **função X**, que relaciona cada elemento de Ω a um valor numérico presente em uma reta.

Uma vez que o espaço amostral Ω é enumerável, ou seja, todos os elementos são conhecidos, temos que a variável aleatória é do tipo discreta.

Figura 2.1 – Definição de variável aleatória

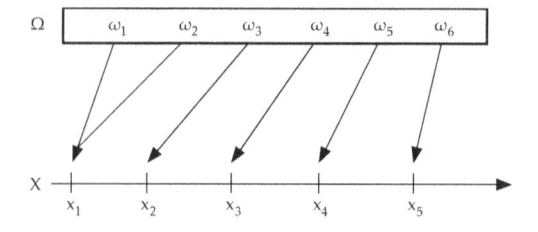

Em termos matemáticos, temos:

$P(X = x_i) = P(A)$

Em que

$A = \{\omega_1, \omega_2, \omega_3, ...\} \subset \Omega$

É tal que:

$X(\omega i) = xi$, se $\omega i \in A$ e $X(\omega i) \neq xi$, se $\omega i \in A^C$,

em que A^C é o complementar do evento A.

2.1.2 Variáveis aleatórias contínuas

Diferentemente do que ocorre com as variáveis aleatórias discretas, o conjunto das **variáveis aleatórias contínuas** Ω tem infinitos componentes, o que impossibilita o conhecimento de todos os elementos do conjunto. Esse tipo de variável é bastante utilizada em problemas que envolvem tempo e temperatura, por exemplo.

De maneira mais formal, podemos definir a distribuição de probabilidades de uma variável aleatória contínua como sendo o valor de X que assume valores $x_1, x_2, x_3, ... x_n$, com sua função sendo representada por $\{(x_i, p(x_i))\}$, $i = \{1, 2, ...\}$, em que, a cada valor de x_i, há uma probabilidade de ocorrência.

$p(x_i) = P(X = x_i) = pi$, $i = 1, 2, 3, ...$

2.2 Distribuição de probabilidades

Chamamos de *distribuição de probabilidades* o modelo matemático que descreve o comportamento de uma ou diversas variáveis aleatórias de um conjunto de possibilidades.

Retornando ao exemplo do arremesso de um dado de seis faces não viciado, o número da face voltada para cima só poderá ser um dos seis números possíveis do espaço amostral do dado, que vai de 1 a 6. A probabilidade de que seja obtido algum dos números é de, aproximadamente, 16,6667% – se somarmos a probabilidade de cada uma das seis possibilidade, teremos 100% –, pois não há outro resultado possível.

Um jogo de dados representa uma distribuição de probabilidades relacionada ao resultado possível do seu lançamento. Para cada um dos seis valores possíveis, há uma probabilidade. No caso do arremesso de dados, as probabilidades são todas iguais, porém isso nem sempre acontece, pois há situações em que existem eventos com maior probabilidade de ocorrência do que outros.

2.2.1 Medidas de tendência central

Essas medidas nada mais são que os valores típicos de uma distribuição de probabilidades. As medidas de posição mais comumente utilizadas, tanto no meio acadêmico quanto nas atividades econômicas de um modo geral, são:

a. média aritmética simples;

b. média aritmética ponderada;

c. média geométrica;

d. moda;

e. mediana.

Média aritmética

A medida de posição central mais conhecida é a **média aritmética**, que é o somatório dos elementos de um conjunto, dividido pela quantidade de elementos desse mesmo conjunto.

$$\bar{X} = \frac{X_1 + X_2 + X_3 + \ldots + X_n}{n} \qquad \text{Equação 2.1}$$

Colocado de maneira mais elegante:

$$\bar{X} = \frac{1}{n}\sum_{i=1}^{n} X_i \qquad \text{Equação 2.2}$$

Média aritmética ponderada

Se atribuirmos peso aos elementos que compõem a média aritmética que buscamos, temos a **média aritmética ponderada**. A média aritmética ponderada é utilizada, por exemplo, quando calculamos a nota de um aluno que fez diversas avaliações com pesos diferentes.

$$\bar{X} = \frac{n_1 \cdot X_1 + n_2 \cdot X_2 + n_3 \cdot X_3 + \ldots + n_k \cdot X_k}{n_1 + n_2 + n_3 + \ldots + n_k} \qquad \text{Equação 2.3}$$

Dito de maneira mais elegante:

$$\bar{X} = \frac{\sum_{i=1}^{k} X_i \cdot n_i}{\sum_{i=1}^{k} n_i} \qquad \text{Equação 2.4}$$

Média geométrica

Outra importante medida de posição central é a **média geométrica**. Ela é fundamental em análises financeiras que envolvem aumentos ou decréscimos sucessivos.

De forma genérica, a média geométrica é apresentada da seguinte maneira:

$$G = \sqrt[n]{X_1 \cdot X_2 \cdot X_3 \cdot \ldots \cdot X_n} \qquad \text{Equação 2.5}$$

Reescrevendo de maneira mais simples, temos:

$$G = \left(\prod_{i=1}^{n} X_i\right)^{\frac{1}{n}} \qquad \text{Equação 2.6}$$

Observe as Equações 2.5 e 2.6 e constate que, caso um ou mais elementos da média geométrica sejam iguais a 0, o resultado da média geométrica também será igual a 0.

Exemplo 2.1

A Tabela 2.1 indica o crescimento das vendas da empresa Alimento Bom Ltda. no segundo semestre do ano de 2017. O crescimento do mês de junho se deu sobre o crescimento do mês de maio, que não está representado na tabela; o crescimento do mês de julho, por sua vez, se deu sobre o crescimento do mês de junho e assim sucessivamente. Calcule a média geométrica do crescimento das vendas da empresa Alimento Bom Ltda.

Tabela 2.1 – Crescimento de vendas em 2017

Mês	Crescimento
Junho	5%
Julho	7%
Agosto	8%
Setembro	12%
Outubro	10%
Novembro	9%
Dezembro	11%

Para calcular a média geométrica, devemos, antes de tudo, transformar as taxas percentuais em taxas unitárias. Assim, temos:

- 5% = 1,05;
- 7% = 1,07;
- 8% = 1,08;
- 12% = 1,12;
- 10% = 1,10;
- 9% = 1,09;
- 11% = 1,11.

Utilizando a Equação 2.5: $G = \sqrt[n]{X_1 \cdot X_2 \cdot X_3 \cdot \ldots \cdot X_n}$, temos:

$G = \sqrt[7]{1,05 \cdot 1,07 \cdot 1,08 \cdot 1,12 \cdot 1,10 \cdot 1,09 \cdot 1,11} =$

$G = 1,088.$

Convertendo em taxa percentual, temos:

$G = 8,8\%.$

Portanto, o aumento médio nas vendas da empresa Alimento Bom Ltda. foi de 8,8%.

Média harmônica

A terceira medida de posição central é a **média harmônica**, que é o inverso da média aritmética, ou seja, é o número de membros de um determinado conjunto de números não nulos dividido pela soma do inverso desses números.

A média harmônica é, normalmente, utilizada quando se trabalha com grandezas inversamente proporcionais, como velocidade *versus* tempo, custo *versus* benefício ou a taxa média de retorno de um valor financeiro que tenha sido investido, por exemplo.

Para todo $X_i > 0$, temos:

$$H = \cfrac{n}{\cfrac{1}{X_1} + \cfrac{1}{X_1} + \ldots + \cfrac{1}{X_n}} \qquad \text{Equação 2.7}$$

De forma simplificada, para todo $X_i > 0$, temos:

$$H = \cfrac{n}{\sum_{i=1}^{n} \cfrac{1}{X_i}} \qquad \text{Equação 2.8}$$

Caso o conjunto do qual se deseja fazer a média harmônica seja composto de apenas dois elementos, podemos montar a equação da seguinte maneira:

$$H = \cfrac{n_1 \times n_2}{\left(\cfrac{n_1 + n_2}{2}\right)} \qquad \text{Equação 2.9}$$

Exemplo 2.2

Uma fábrica de cervejas artesanais finas, localizada em Curitiba, vende 3.000 unidades e, com isso, fatura R$ 110.000,00. Esse valor vem da venda de duas opções de cervejas: uma com álcool, que contribui em 50% do faturamento, e outra sem álcool, que contribui com a outra metade do faturamento. A cerveja com álcool está sendo vendida por R$ 15,00, enquanto a sem álcool é comercializado por R$ 25,00 a garrafa.

De posse dessas informações, calcule qual o preço médio (P_m), para que ambas as cervejas sejam vendidas pelo mesmo valor e seja mantido o mesmo nível de faturamento. Para isso, utilize o método convencional e a média harmônica.

Dados:

- faturamento total = R$ 110.000,00;
- preço cerveja sem álcool = R$ 25,00;
- preço cerveja com álcool = R$ 15,00;
- faturamento cerveja sem álcool = 50% · faturamento total = R$ 55.000,00;
- faturamento cerveja com álcool = 50% · faturamento total = R$ 55.000,00.

Quantidade de cerveja sem álcool vendida = $\dfrac{\text{Faturamento}}{\text{Preço}}$ = $\dfrac{55.000}{25}$ = 2.200 unidades

Quantidade de cerveja com álcool vendida = $\dfrac{\text{Faturamento}}{\text{Preço}}$ = $\dfrac{55.000}{15}$ = 3.667 unidades

$P_m = \dfrac{110.000}{2.200 + 3.667} = P_m =$ R$ 18,75.

Agora, vamos resolver o mesmo problema utilizando apenas a média harmônica, considerando somente os preços da cerveja com álcool, R$ 15,00, e da cerveja sem álcool, R$ 25,00.

Utilizando a Equação 2.7, temos:

$H = \dfrac{2}{\dfrac{1}{15} + \dfrac{1}{25}} = H = 18,75.$

Como você pode perceber, com a média harmônica, foi possível resolver o mesmo problema, usando menos dados e menos etapas.

A respeito das três medidas de posição central apresentadas, é importante considerar que todas elas permitem a atribuição de pesos, além disso, de maneira geral:

$$\bar{X} \geq G \geq H$$

2.2.2 Moda

Moda ou **Mo** é a medida de posição que representa o elemento com o maior número de ocorrências (frequência) dentro de um conjunto de dados.

No conjunto de dados {1, 2, 3, 3, 4, 5, 7}, a moda é o número 3, pois este é o elemento com a maior ocorrência no conjunto apresentado.

Como nesse conjunto só há uma moda, a distribuição é do tipo **unimodal**. Caso houvesse duas modas nessa distribuição, ela seria do tipo **bimodal**. Se houvesse mais de duas modas, diríamos que a distribuição seria **multimodal**. O caso em que não houvesse nenhuma moda, seria **amodal**.

2.2.3 Mediana

Mediana é o valor central de uma série de valores. No conjunto composto pelas notas dos alunos de uma turma de econometria, temos: {20, 25, 42, **50**, 67, 80, 85}.

Como há um número de elementos **ímpar**, é possível encontrar a mediana, ou M_d, apenas observando qual o valor central do conjunto: nesse caso, os 7 elementos já estão, de antemão, organizados em *rol*, o que facilita a identificação do número 50 como a mediana do conjunto.

No caso dos conjuntos com número **par** de itens, buscamos os dois valores centrais e calculamos a média aritmética desses valores para, assim, encontrar a mediana.

No Exemplo 2.3, temos um caso em que o conjunto em destaque é composto por um número **par** de elementos.

Exemplo 2.3

Encontre a moda e a mediana para os seguintes conjuntos de dados:

X = {15, 25, 30, 20, 30, 10}

O primeiro passo é organizar o conjunto em ordem crescente:

X = {10, 15, **20**, **25**, 30, 30}

Como o número 30 ocorre com mais **frequência**, temos que:

$M_o = 30$.

Uma vez que o conjunto indicado tem um número **par** de elementos, precisamos encontrar a média aritmética simples dos elementos centrais para chegarmos à mediana:

$$M_d = \frac{20+25}{2} = 22,5.$$

2.3 Medidas descritivas de dispersão e momentos

Medidas descritivas de dispersão tem como objetivo principal indicar o afastamento de um conjunto de dados em relação a determinada medida de tendência central e como esses dados são distribuídos no entorno dessa medida.

2.3.1 Esperança matemática

A **esperança matemática**, representada por **E(X)**, é a média dos possíveis valores assumidos por X, ponderada pela probabilidade, P, da ocorrência de cada um dos valores possíveis de X.

A esperança matemática é dada pela seguinte expressão:

$$E(X) = X_1 P(X_1) + X_2 P(X_2) + \ldots + X_n P(X_n) \quad \text{Equação 2.10}$$

De maneira mais simples:

$$E(X) = \sum_{i=1}^{n} X_i P(X_i) \quad \text{Equação 2.11}$$

Exemplo 2.4

Em maio de 2017, uma ação da empresa Haven S.A. valia R$ 15,00; porém, após um grande escândalo envolvendo seu principal concorrente, existe a expectativa de que, nos próximos 30 dias, as ações possam assumir os seguintes valores:

- R$ 5,00, com 15% de probabilidade;
- R$ 30,00, com 30% de probabilidade;
- R$ 25,00, com 35% de probabilidade;
- R$ 15,00, com 20% de probabilidade.

Calcule o valor esperado dessa ação após 30 dias e responda às seguintes perguntas:

a) É possível obter algum lucro comprando essa ação?
b) De acordo com os cálculos, qual o lucro esperado?

Aplicando a Equação 2.10:

$E(X) = X_1 P(X_1) + X_2 P(X_2) + \ldots + X_n P(X_n)$ temos:

$E(X) = 5(0{,}15) + 30(0{,}30) + 25(0{,}35) + 15(0{,}20)$

logo, $E(X) = 21{,}5$.

Portanto, a esperança de lucro na compra dessa ação é de R$ 6,50.

2.3.2 Medidas de dispersão

Medidas de dispersão indicam como os dados estão agrupados ou dispersos em relação à média. Na Figura 2.2, temos um alvo, cujo centro um atirador mediano, tentando fazer o seu melhor, não conseguiu acertar.

Figura 2.2 – Alta dispersão

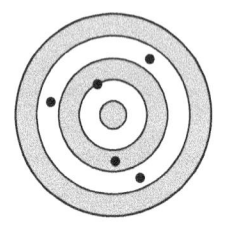

Na Figura 2.3, temos o mesmo alvo, em que um atirador mais bem qualificado teve um desempenho superior ao do atirador da Figura 2.2.

Figura 2.3 – Pouca dispersão

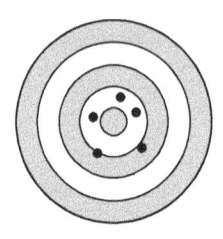

Observando os dois alvos, podemos afirmar que as marcações do alvo da Figura 2.2 estão mais dispersas do que as marcações do alvo da Figura 2.3.

Ao medir a distância entre uma marcação e o centro do alvo, encontramos a dispersão desse ponto, que pode ser indicada como:

$$d_i = X - \bar{X} \qquad \text{Equação 2.12}$$

Em que d_i é a dispersão, X é a marcação e $\bar{X}$ é a média ou, no caso do nosso exemplo, o centro do alvo.

- As principais medidas de dispersão são a **variância** e o **desvio padrão**.

Variância

A **variância** é a medida de dispersão que se exprime por meio da média dos quadrados dos desvios padrão de uma distribuição. Quanto maior for a variância, maiores serão a distância entre os valores encontrados e a média da população. Porém, quanto menor for a variância, menores serão também a distância entre os valores encontrados e a média da população. Vale ressaltar que a variância jamais poderá assumir valores negativos.

Essa medida pode se aplicar tanto a uma amostra quanto a uma população. A variância de uma população dada por $\{X_1, ..., X_n\}$, com n elementos, é uma medida de dispersão que pode ser definida como a média do quadrado dos desvios padrão dos indivíduos dessa população em relação à média dessa população dada por $\bar{X}$, sendo expressa pela seguinte equação:

$$\sigma_x^2 = \frac{(X_1 - \bar{X})^2 + (X_2 - \bar{X})^2 + ... + (X_n - \bar{X})^2}{n}$$ Equação 2.13

Ou

$$\sigma_x^2 = \frac{1}{n} \sum_{i=1}^{n} (X_i - \bar{X})^2$$ Equação 2.14

A variância de uma amostra é dada por $\{X_1, ..., X_n\}$, com n elementos e pode ser definida como sendo o quadrado da soma dos desvios de cada elemento em relação à média das amostras ao quadrado, dividido por n menos 1.

Assim, temos a seguinte equação:

$$S^2 = \sum_{i=1}^{n} \frac{(X_1 - \bar{X})^2}{n-1}$$

Equação 2.15

Exemplo 2.5

A Tabela 2.2 representa a situação de duas empresas que gastam R$ 20.000,00 com a folha de pagamento, para o mesmo número de colaboradores, mas adotam políticas salariais distintas.

Tabela 2.2 – Gasto com salários

	Salários Empresa 1 (em milhares de reais)	Salários Empresa 2 (em milhares de reais)
Colaborador 1	R$ 2,5	R$ 5,0
Colaborador 2	R$ 7,5	R$ 5,0
Colaborador 3	R$ 4,0	R$ 5,0
Colaborador 4	R$ 6,0	R$ 5,0

De posse desses dados, calcule a variância das empresas.

Calculando a média aritmética para a empresa 1, temos:

$$\mu_1 = \frac{2,5 + 7,5 + 4,0 + 6,0}{4}$$

$\mu_1 = 5,0$.

Calculando a média aritmética para a empresa 2, temos:

$$\mu_2 = \frac{5,0 + 5,0 + 5,0 + 5,0}{4}$$

$\mu_2 = 5,0$.

Utilizando a Equação 2.13 para calcular a variância da empresa 1, temos:

$$\sigma_x^2 = \frac{(2,5-5,0)^2 + (7,5-5,0)^2 + (4,0-5,0)^2 + (6,0-5,0)^2}{4}$$

$\sigma_x^2 = 4,83$.

Utilizando a Equação 2.13 para calcular a variância da empresa 2, temos:

$$\sigma_x^2 = \frac{(5,0-5,0)^2 + (5,0-5,0)^2 + (5,0-5,0)^2 + (5,0-5,0)^2}{4}$$

$\sigma_x^2 = 0$.

É perceptível que a média aritmética salarial de ambas as empresas é igual, porém a variância é diferente. Isso ocorre porque a distribuição da folha de pagamento da empresa 2 é igual à média aritmética, ou seja, os gastos com aos salários são distribuídos igualmente entre os colabores, portanto todos ganham o mesmo salário e isso faz com que a variância seja igual a 0. Na empresa 1, como existem diferenças salariais, a variância é maior do que zero.

Esse é o típico caso em que a aplicação da média aritmética simples não nos diz muita coisa sobre real situação de uma empresa.

Desvio padrão

Desvio padrão é a medida de dispersão em torno tanto da média amostral quanto da média populacional de uma variável aleatória. Assim, como ocorre na variância, quanto maior for o desvio padrão, maiores serão a distância entre os valores encontrados e a média das amostras. Da mesma forma, quanto menor for o desvio padrão, menores serão também a distância entre os valores encontrados e a média das amostras. A exemplo do que ocorre na variância, o desvio padrão jamais poderá assumir valores negativos.

Como a variância, o desvio padrão também pode se referir tanto a uma população quanto a uma amostra populacional. O desvio padrão populacional pode ser representado pela seguinte expressão:

$$\sigma_x = \sqrt{\sigma_x^2} \qquad \text{Equação 2.16}$$

Substituindo σ_x^2 pela Equação 2.14, temos:

$$\sigma_x = \sqrt{\sum_{i=1}^{n} \frac{(x_1 - \bar{x})^2}{n}} \qquad \text{Equação 2.17}$$

O **desvio padrão amostral** – que leva esse nome por ser o desvio padrão de uma amostra retirada de uma população – pode ser calculado da seguinte forma:

$$S_x = \sqrt{S^2} \qquad \text{Equação 2.18}$$

Substituindo S^2 pela Equação 2.15, temos:

$$S = \sqrt{\sum_{i=1}^{n} \frac{(x_1 - \bar{x})^2}{n-1}} \qquad \text{Equação 2.19}$$

Exemplo 2.6

Calcule o desvio padrão da empresa 2 do Exemplo 2.5.

Aplicando a Equação 2.16, temos:

$\sigma_x = \sqrt{4,83}$

$\sigma_x = 2,19$

Como pudemos verificar no Exemplo 2.5, o desvio padrão pode ser utilizado quando se deseja excluir os efeitos dos quadrados que existem no cálculo da variância.

2.3.3 Momentos de uma distribuição

Você pode presumir, a partir do que verificamos até o momento, que podemos saber muito sobre uma distribuição de probabilidade levando em conta um pequeno número da análise de características, como a variância, o desvio padrão, a média aritmética, entre outros. Todavia, há situações em que necessitamos de um método que permita encontrar tanto os momentos mais comumente utilizados (variância, média etc.) quanto outras medidas de distribuição mais genéricas.

Dessa forma, é possível definir o momento de uma distribuição, que é uma variável aleatória x, em que k é a ordem em relação à média e, assim, temos:

$$M_k = E(x-\mu)^k \qquad \text{Equação 2.20}$$

O primeiro momento em relação à média é sempre 0:

$M_1 = E(x-\mu) = E(x) - \mu = \mu - \mu = 0;$

No segundo momento, encontramos a variância:

$M_2 = E(x-\mu)^2 = \sigma^2;$

No terceiro momento, o coeficiente de assimetria:

$M_3 = E(x-\mu)^3 = \alpha_3.$

Sendo que o coeficiente de assimetria é representado pela expressão:

$$\alpha_3 = \frac{M_3}{\sigma^3} \qquad \text{Equação 2.21}$$

2.4 Distribuições

Distribuições são modelos matemáticos que relacionam o valor de determinada variável e a probabilidade da ocorrência desta. A seguir, veremos os tipos de distribuição.

2.4.1 Distribuição conjunta

Até o momento, nos concentramos em estudar os espaços amostrais em que havia apenas uma variável aleatória, porém há diversos casos em que é necessário utilizar mais de uma variável aleatória. As probabilidades que se referem a duas ou mais variáveis aleatórias são chamadas de *distribuição conjunta* ou, também, de *vetor aleatório (X,Y)*.

Imagine que, para ser campeão em um campeonato de vôlei, o time A precisa obter bons resultados nas próximas 3 partidas.

A vitória no primeiro dos três jogos, por ser um clássico contra o time B, é encarada como decisiva.

Consideremos que:

- X: número de vitórias nos três jogos;
- Y: 1, em caso de vitória no primeiro jogo, e 0, em caso de derrota.

A Tabela 2.3 apresenta todos os possíveis resultados. Observe:

Tabela 2.3 – Resultados possíveis

Resultados possíveis	Probabilidade	X	Y
VVV	$\frac{1}{8}$	3	1
VVD	$\frac{1}{8}$	2	1
VDV	$\frac{1}{8}$	2	1
VDD	$\frac{1}{8}$	1	1
DVV	$\frac{1}{8}$	2	0
DDV	$\frac{1}{8}$	1	0
DVD	$\frac{1}{8}$	1	0
DDD	$\frac{1}{8}$	0	0

Na segunda linha da tabela, temos VVV, que significa *vitória, vitória, vitória*; o número 3, na coluna X, significa que houve três vitórias; e o número 1, na coluna Y, significa que o time A venceu seu primeiro jogo, que, por ser um clássico, é considerado como o mais importante.

Na Tabela 2.4, temos as probabilidades conjuntas de X e Y.

Tabela 2.4 – Probabilidades conjuntas de X e Y

X \ Y	0	1	2	3
0	$\frac{1}{8}$	$\frac{2}{8}$	$\frac{1}{8}$	0
1	0	$\frac{1}{8}$	$\frac{2}{8}$	$\frac{1}{8}$

As posições da Tabela 2.4 são preenchidas da seguinte maneira: na posição X = 2 e Y = 1, temos $\frac{2}{8}$, que é a soma das probabilidades de ocorrer X = 2 e Y = 1 simultaneamente. Assim, temos:

- $P(X = 0 \text{ e } Y = 0) = \frac{1}{8}$;

- $P(X = 1 \text{ e } Y = 0) = \frac{2}{8}$;

- $P(X = 2 \text{ e } Y = 0) = \frac{1}{8}$;

- $P(X = 3 \text{ e } Y = 0) = 0$;

- $P(X = 0 \text{ e } Y = 1) = 0$;

- $P(X = 1 \text{ e } Y = 1) = \frac{1}{8}$;

- $P(X = 2 \text{ e } Y = 1) = \frac{2}{8}$;

- $P(X = 3 \text{ e } Y = 1) = \frac{1}{8}$.

2.4.2 Distribuição marginal

Para encontrarmos a **distribuição marginal**, somamos as probabilidades de ocorrência de X, independentemente do que ocorra com a variável aleatória Y. O mesmo processo pode ser feito com a variável aleatória Y em relação a X.

Utilizando os dados da Tabela 2.4, temos:

$$P(X=1) = P(X=1, Y=1) = P(X=1, Y=1) = \frac{2}{8} + \frac{1}{8} = \frac{3}{8}.$$

Para Y, temos:

$P(Y=1) =$

$= P(X=0, Y=0) + P(X=1, Y=0) + P(X=2, Y=0) + P(X=3, Y=0) =$

$= \frac{1}{8} + \frac{2}{8} + \frac{1}{8} + 0 = \frac{1}{2}.$

Conforme mostra a Tabela 2.5, é possível encontrar a distribuição marginal somando-se as linhas e colunas da Tabela 2.4.

Tabela 2.5 – Distribuição marginal encontrada

X \ Y	0	1	2	3	P(Y)
0	$\frac{1}{8}$	$\frac{2}{8}$	$\frac{1}{8}$	0	$\frac{1}{2}$
1	0	$\frac{1}{8}$	$\frac{2}{8}$	$\frac{1}{8}$	$\frac{1}{2}$
P(X)	$\frac{1}{8}$	$\frac{3}{8}$	$\frac{3}{8}$	$\frac{1}{8}$	1

Na linha P(X) da Tabela 2.5, você observa a distribuição marginal de X enquanto, na coluna P(Y), está a distribuição marginal de Y.

No canto inferior direito da Tabela 2.5, temos o somatório das probabilidades marginais que, necessariamente, deve ser igual a 1.

2.4.3 Distribuição condicional

Quando calculamos as proporções em relação a uma linha ou a uma coluna, e não em relação ao total, temos o que chamamos de *distribuição condicional*.

Caso queiramos encontrar a probabilidade de X = 1, dado que Y = 1, temos:

$$P(X = 1 \mid Y = 1) = \frac{P(X = 1 \text{ e } Y = 1)}{P(Y = 1)}$$

Utilizando as informações da Tabela 2.5, temos:

$$P(X = 1 \mid Y = 1) = \frac{\frac{1}{8}}{\frac{1}{2}} = \frac{1}{4}.$$

2.5 Principais curvas de distribuição de probabilidade

2.5.1 Distribuição normal

Distribuição de probabilidade normal, ou **distribuição gaussiana**, é um modelo probabilístico de fundamental importância, pois, como aponta Castanheira (2018, p. 165), há três razões fundamentais para isso:

a) as medidas produzidas em diversos processos aleatórios seguem essa distribuição;
b) as probabilidades normais podem ser usadas frequentemente como aproximações de outras distribuições de probabilidade, tais como a binomial e a de Poisson;

c) as distribuições de estatísticas da amostra, tais como a média e a proporção, frequentemente seguem a distribuição normal independentemente da distribuição da população.

Uma variável aleatória tem distribuição normal quando:

μ e σ^2, $-\infty < \mu < +\infty$ e $0 < \sigma^2$

E sua densidade de probabilidade é dada por:

$$f(x; \mu; \sigma^2) = \frac{1}{\sigma\sqrt{2\pi}} e^{-\frac{(x-\mu)^2}{2\sigma^2}}, -\infty < x < \infty.$$

Como você pode observar no Gráfico 2.1, a curva normal é uma simétrica, também chamada de *curva em formato de sino* ou, simplesmente, *curva gaussiana*.

Gráfico 2.1 – Exemplo de curva normal

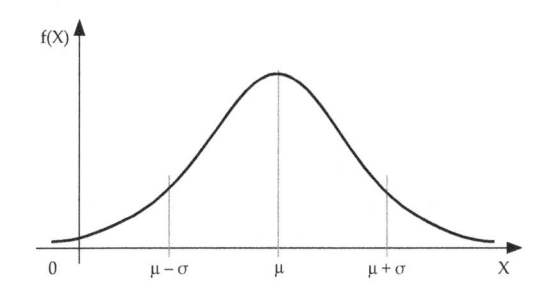

Em que:

f(X) = variável dependente;

X = variável independente;

μ = média populacional;

σ = desvio padrão de distribuição.

Quando μ = 0 e σ² = 1, temos a chamada *distribuição padrão*, ou *reduzida*, que pode ser representada pela expressão:

$$Z = \frac{X - \mu}{\sigma}$$
Equação 2.22

No gráfico 2.2, temos a representação gráfica da distribuição padronizada da normal.

Gráfico 2.2 – Distribuição normal padronizada

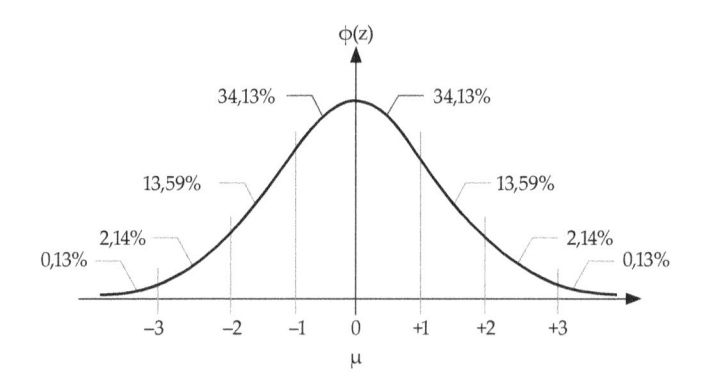

Utilizamos as distribuições padronizadas com o intuito de simplificar a distribuição normal, que é bastante difícil de calcular porque não há função cuja derivada é e^{-x^2}.

O grande motivo para se usar a distribuição padronizada é que os resultados de suas integrais são tabelados, o que facilita em muito nosso trabalho. Na Tabela A, que está no anexo 1, temos os valores da normal padronizada.

Exemplo 2.7

Uma carteira de investimentos, que segue uma distribuição normal, em um determinado mês, rendeu R$ 10.000,00. Sabendo que o desvio padrão dessa carteira de investimentos é de R$ 1.500,00, encontre a probabilidade de que ela renda entre R$ 7.000,00 e R$ 12.000,00 no mês subsequente.

O primeiro passo é padronizar a distribuição.

Utilizando a Equação 2.22, temos:

$$Z = \frac{X-\mu}{\sigma} = \frac{7.000-10.000}{1.500} = -2,00$$

$$Z = \frac{X-\mu}{\sigma} = \frac{12.000-10.000}{1.500} = 1,33$$

Portanto:

$$P(7.000 < x < 12.000) = (-2,00 < z < 1,33)$$

Como temos valores abaixo e acima de 0, então:

$$P(7.000 < x < 12.000) = (-2,00 < z < 0) + P(0 < z < 1,33)$$
$$P(7.000 < x < 12.000) = (0 < z < 2,00) + P(0 < z < 1,33).$$

Utilizando a Tabela A que está no Anexo 1, temos:

$$P(7.000 < x < 12.000) \cong 0,477 + 0,408 = 0,885 = 88,5\%.$$

2.5.2 Qui-quadrado

Assim como a distribuição normal, a distribuição **qui-quadrado** possibilita diversas aplicações em áreas como economia, física e genética, entre muitas outras. Do mesmo modo ocorre na distribuição normal padronizada, os valores da distribuição qui-quadrado padronizada são tabelados. Na Tabela 3, do Anexo 2, no final do livro, temos os valores da distribuição qui-quadrado.

Para termos uma distribuição qui-quadrado, é necessário que $\mu = 1$ e $\sigma^2 = 0$ e existam n variáveis aleatórias independentes.

$$\chi_n^2 = \chi_1^2 + \chi_1^2 + \ldots + \chi_n^2$$

Em que χ é a letra grega *chi*, que se pronuncia [qui].

Dito de maneira mais simples, temos a expressão:

$$\chi_n^2 = \sum_{i=1}^{n} \chi_n^2, \text{ sendo que } \chi_i = \frac{X - \bar{X}}{\sigma}$$

Em que n é o número de elementos da amostra e $n-1$ são os graus de liberdade. O **grau de liberdade** de um conjunto é sempre um número maior ou igual a 1, podendo também ser representado pela letra φ.

A seguir, você pode observar alguns gráficos da distribuição qui-quadrado, de acordo com o seu grau de liberdade. Como pode ser facilmente observado, a distribuição qui-quadrado é assimétrico:

Gráfico 2.3 – Gráfico da distribuição qui-quadrado

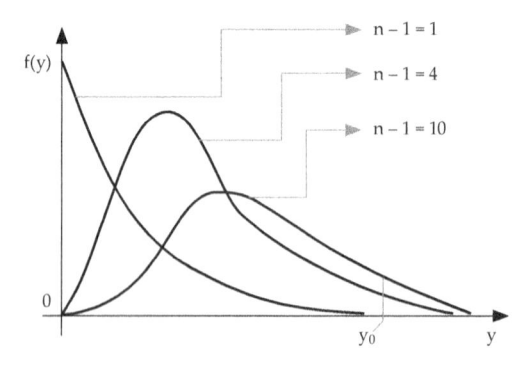

Exemplo 2.8

Encontre o valor de k assumindo que $p(x^2 > k) = 0,05$ com $(n-1) = 12$.

Pela Tabela B, temos:

$P = 0,500$ para $(n-1) = 12$

Observe o gráfico encontrado.

Gráfico 2.4 – Gráfico qui-quadrado referente ao Exemplo 2.8

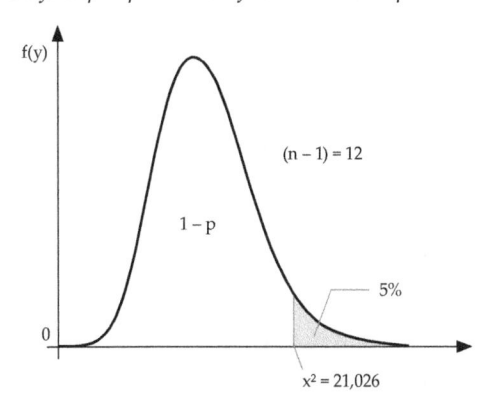

Portanto, $x^2 = 21,026$.

2.5.3 Distribuição F de Snedecor

A distribuição F de Snedecor pode ser definida como sendo o quociente de duas variáveis aleatórias independentes com distribuição qui-quadrado. Assim como as distribuições qui-quadrado, a distribuição F de Snedecor também é assimétrica:

$$W = \frac{\dfrac{V}{v_1}}{\dfrac{V}{v_2}} \qquad \text{Equação 2.23}$$

Em que v_1 são os graus de liberdade do numerador e v_2 são os graus de liberdade do denominador.

Observe o Gráfico 2.5, que representa a distribuição f(w).

Gráfico 2.5 – Gráfico da distribuição F de Snedecor

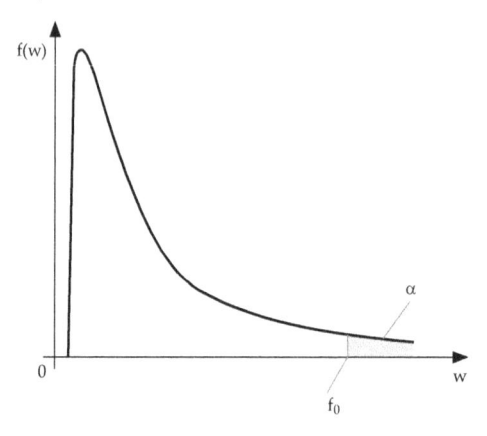

Para encontrar a área α, que representa o nível de significância, temos:

$$P\{F(v_1, v_2) > f_0\} = \alpha \qquad \text{Equação 2.24}$$

Exemplo 2.9

Assumindo que esta é uma distribuição F de Snedecor e considerando $v_1 = 4$ e $v_2 = 5$, consultando a Tabela C, no Anexo 3, e utilizando a Equação 2.24, encontraremos:

$(F > 5,19) = 0,05$ ou $P(F \leq 5,19) = 0,95$.

Se quisermos encontrar f_0 de forma que $P(F < f_0) = 0{,}05$, utilizaremos a Equação 2.24 e teremos:

$$0{,}05 = P\{F(4,5) < f_0\} = P\left\{\frac{1}{F}(5,4) < f_0\right\} = P\left\{F(5,4) > \frac{1}{f_0}\right\}$$

Utilizando a Tabela C, encontramos:

$\dfrac{1}{f_0} = 6{,}26$, portanto, $f_0 = 0{,}16$.

Assim, podemos encontrar a região de significância no gráfico da distribuição F de Snedecor.

2.5.4 Distribuição *t-Student*

A **distribuição *t-Student*** é bastante utilizada em inferências que envolvam médias populacionais e em testes de hipóteses, assunto que veremos nos próximos capítulos. Quando há muitos graus de liberdade, o gráfico que representa a distribuição *t-Student* é bastante parecido com o da distribuição normal.

Se assumirmos que Y e Z são variáveis aleatórias independentes, com Z tendo distribuição qui-quadrado com v graus de liberdade, e Y sendo normalmente distribuída com média = 0 e variância = 1, temos:

$$t = \frac{Z}{\sqrt{\dfrac{Y}{v}}}$$

Se assumirmos que $x_1, x_2, \ldots, x_n$ são variáveis aleatórias independentes com distribuição normal, podemos escrever:

$$t = \frac{\overline{X} + \mu}{\dfrac{s}{\sqrt{n}}}$$

Em que µ é a média populacional e $\bar{X}$ é a média amostral.

Observe no Gráfico 2.6 a distribuição t, que, assim como a normal, é uma distribuição simétrica.

Gráfico 2.6 – Gráfico da distribuição t-Student

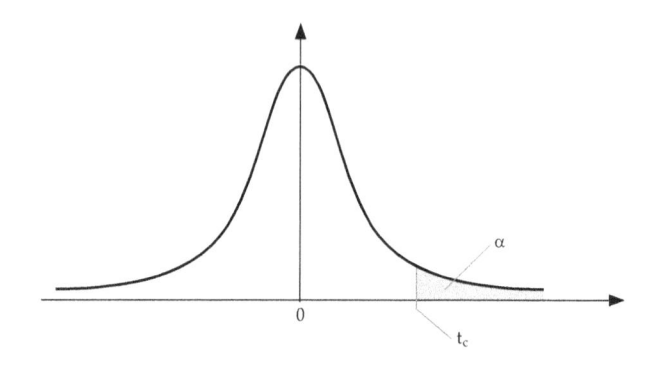

A Tabela D no Anexo 4 indica os valores t_c, tal que:

$$P\{t(v) > t_c\} = \alpha \qquad \text{Equação 2.25}$$

Lembrando que, para v muito altos, convém utilizar a distribuição normal.

Exemplo 2.10

Assumindo que esta é uma distribuição *t-Student* e considerando $v = 4$ e 0 $\alpha = 0{,}1$, encontre o valor de t_c na Tabela D.

Utilizando a Equação 2.25, temos:

$P\{t(5) > t_c\} = 0{,}1$

Utilizando a Tabela D, temos:

$t_c = 2{,}123$.

Síntese

Neste capítulo, apresentamos os conceitos fundamentais das probabilidades estatísticas, vimos as principais medidas de posição, de dispersão, bem como as distribuições mais comumente utilizadas em análises econômicas, conceitos imprescindíveis para que, nos próximos capítulos, possamos trabalhar com os modelos de regressão que serão apresentados.

Tratamos também de conceitos como o de variáveis aleatórias discretas e contínuas e suas principais características. Além disso, recordamos os aspectos mais importantes e como calcular a esperança matemática e a variância, além de algumas das distribuições mais utilizadas em estatística.

Exercício resolvido 2.1

Ao realizar uma pesquisa com o objetivo de saber a quantidade de bolsas que cada mulher de um determinado bairro possui, um profissional de *marketing* chegou ao seguinte resultado:

- 5% não possuem bolsa;
- 15% possuem 1 bolsa;
- 25% possuem 2 bolsas;
- 30% possuem 3 bolsas;
- 10% possuem 4 bolsas;
- 15% possuem 5, 6 e 7 bolsas.

Quais valores a variável *quantidade de bolsas*, que chamaremos de X, pode assumir caso selecionemos, aleatoriamente, uma mulher desse bairro?

A distribuição de probabilidades deve atender aos seguintes critérios:

$$0 \leq P(X) \leq 1 \quad e \quad \sum_{1}^{n} P(X = xi) = 1.$$

Assumindo que, neste exercício, nosso espaço amostral é dado por:

$\Omega = \{0, 1, 2, 3, 4, 5, 6, 7\}$, temos:

- $P(X = 0) = 0,05;$
- $P(X = 1) = 0,15;$
- $P(X = 2) = 0,25;$
- $P(X = 3) = 0,30;$
- $P(X = 4) = 0,10;$
- $P(X = 5) = P(N = 6) = P(N = 7) = \dfrac{0,15}{3} = 0,05.$

Com isso, encontramos a seguinte distribuição e probabilidades para X:

Tabela 2.6 – Distribuição de probabilidades

xi	x_1	x_2	x_3	x_4	x_5	x_6	x_7	x_8
X	0	1	2	3	4	5	6	7
P(xi)	0,05	0,15	0,25	0,30	0,10	0,05	0,05	0,05

Somando todas as probabilidades, temos:

$$\sum_{1}^{7} P(xi) = 1.$$

Exercício resolvido 2.2

Preocupada com o rendimento acadêmico de seus alunos, uma professora de econometria resolveu calcular a média aritmética das notas dos estudantes para, assim, saber se o conteúdo está sendo absorvido por eles.

As notas dos alunos foram:

87, 90, 76, 67, 70 e 90.

De posse desses dados, vamos calcular a média aritmética das notas dessa turma de econometria.

Aplicando a Equação 2.1: $\bar{X} = \dfrac{X_1 + X_2 + X_3 + \ldots + X_n}{n}$, temos:

$$\bar{X} = \dfrac{87 + 90 + 76 + 67 + 70 + 90}{6} = 80.$$

Exercício resolvido 2.3

Para ser aprovado em um curso de estatística, um aluno precisa desenvolver as seguintes atividades, com os respectivos pesos:

- prova 1, peso 3;
- modelo estatístico feito em linguagem R, peso 2;
- lista de exercícios desenvolvidos em sala de aula, peso 1;
- lista de exercícios desenvolvidos em casa, peso 1;
- prova 2, peso 3.

As notas da melhor aluna da sala foram:

- nota da prova 1: 75;
- nota do modelo econométrico feito em linguagem R: 60;

- nota da lista de exercícios desenvolvidos em sala de aula: 70;
- nota da lista de exercícios desenvolvidos em casa: 65;
- nota da prova 2: 80.

De posse desses dados, vamos calcular a nota final dessa aluna.

Aplicando a Equação 2.3, $\bar{X} = \dfrac{n_1 \cdot X_1 + n_2 \cdot X_2 + n_3 \cdot X_3 + \ldots + n_k \cdot X_k}{n_1 + n_2 + n_3 + \ldots + n_k}$,

temos:

$$\bar{X} = \dfrac{3 \cdot 75 + 2 \cdot 60 + 1 \cdot 70 + 1 \cdot 65 + 3 \cdot 80}{3 + 2 + 1 + 1 + 3}$$

logo:

$$\bar{X} = \dfrac{3 \cdot 75 + 2 \cdot 60 + 1 \cdot 70 + 1 \cdot 65 + 3 \cdot 80}{3 + 2 + 1 + 1 + 3} = 72.$$

Portanto, a nota da aluna em questão é 72.

A grande diferença entre a média aritmética ponderada e a média aritmética simples é a existência de "pesos", que, de agora em diante, chamaremos de *frequência*.

Exercício resolvido 2.4

Vamos calcular a média aritmética ponderada das seguintes notas:

10, 10, 10, 50, 67, 67, 70, 70, 70, 80, 80.

Indique a média aritmética ponderada e a frequência absoluta de ocorrência de cada nota.

Segue a tabela com as notas e suas respectivas frequências.

Tabela 2.7 – Notas e suas respectivas frequências

Nota	Frequência
10	3
50	1
67	2
70	3
80	2

Aplicando a Equação 2.3, $\bar{X} = \dfrac{3\cdot 10 + 1\cdot 50 + 2\cdot 67 + 3\cdot 70 + 2\cdot 80}{3+1+2+3+2}$, encontramos:

$\bar{X} \cong 53$.

A frequência das notas é do tipo **absoluta**, pois não há a indicação de proporções.

Quando a frequência de um determinado evento é expressa em termo de proporções, temos que essa frequência é do tipo **relativa**.

Segue a resolução reescrita em termos de frequência relativa:

$\bar{X} = \dfrac{3}{11}\cdot 10 + \dfrac{1}{11}\cdot 50 + \dfrac{2}{11}\cdot 67 + \dfrac{3}{11}\cdot 70 + \dfrac{2}{11}\cdot 80$

$\bar{X} = 0,27\cdot 10 + 0,09\cdot 50 + 0,18\cdot 67 + 0,27\cdot 70 + 0,18\cdot 80$

Assim, encontramos:

$\bar{X} \cong 53$.

Atividades de autoavaliação

1. Assinale a alternativa que indica corretamente o conceito de variáveis aleatórias discretas:
   a) São variáveis qualitativas que assumem valores em um conjunto com elementos não enumeráveis.
   b) São variáveis quantitativas que assumem valores em um conjunto com elementos enumeráveis.
   c) São variáveis infinitivas que assumem valores discretos em um conjunto aberto com elementos finitos.
   d) São variáveis qualitativas que assumem valores em um conjunto com elementos quase enumeráveis.
   e) São variáveis infinitivas que assumem valores discretos em um conjunto aberto com elementos oriundos de uma pesquisa quantitativa.

2. Assinale a alternativa que apresenta corretamente o conceito de variáveis aleatórias contínuas:
   a) Diferentemente do que ocorre com as variáveis aleatórias discretas, o conjunto das variáveis contínuas ω tem finitos elementos, o que possibilita o conhecimento de todos os membros desse conjunto. Esse tipo de variável é muito utilizado na resolução de problemas que envolvam tempo, temperatura etc.
   b) Diferentemente do que ocorre com as variáveis aleatórias discretas, o conjunto das variáveis contínuas Ω tem infinitos elementos, o que impossibilita o conhecimento de todos os membros desse conjunto. Esse tipo de variável não é utilizado em análises econométricas.
   c) De forma idêntica ao que ocorre com as variáveis aleatórias discretas, o conjunto das variáveis contínuas Ω tem elementos com diversos formatos, o que possibilita o conhecimento de todos os membros desse conjunto. Esse tipo de variável é muito utilizado na resolução de problemas teóricos.
   d) Diferentemente do que ocorre com as variáveis aleatórias discretas, o conjunto das variáveis contínuas Ω tem infinitos

elementos, o que impossibilita o conhecimento de todos os membros desse conjunto. Esse tipo de variável é muito utilizado na resolução de problemas que envolvam tempo, temperatura etc.

e) Diferentemente do que ocorre com as variáveis aleatórias discretas, o conjunto das variáveis contínuas ω tem pouquíssimos elementos, o que possibilita o conhecimento de todos os membros desse conjunto. Esse tipo de variável é muito utilizado na resolução de problemas que envolvam tempo, temperatura etc.

3. Assinale a alternativa que apresenta corretamente o conceito de variância:

a) A variância é a medida de dispersão expressa pela média dos quadrados dos desvios padrão de uma distribuição. Quanto maior ela for, maiores serão também a distância entre os valores encontrados e a média da população; e, quanto menor ela for, menores serão também a distância entre os valores encontrados e a média da população. A variância jamais poderá assumir valores negativos.

b) A variância é a medida de posição expressa pela média dos quadrados dos desvios padrão de uma distribuição. Quanto menor ela for, menores serão também as distâncias entre os valores encontrados e a média da população; e, quando a variância for igual a zero, a distância entre os valores encontrados e a média da população tenderá ao infinito.

c) A variância é a medida de dispersão expressa pela média dos quadrados dos desvios padrão de uma média. Quanto menor ela for, maiores serão a distância entre os valores encontrados e a média da população; e quanto menor ela for, menores serão também a distância entre os valores encontrados e a média da população. A variância jamais poderá assumir valores iguais a zero.

d) A variância é a medida de dispersão expressa pela mediana dos quadrados dos desvios padrão de uma distribuição. Quanto maior for o desvio padrão, maiores serão também a distância entre os valores encontrados e a média da população; e quanto

menor for a variância, menores serão também a distância entre os valores encontrados e a média da população. A variância jamais poderá assumir valores infinitos.
e) A variância é a medida de dispersão em torno da mediana desconhecida de uma variável aleatória. Assim como ocorre na média, quanto maior for a mediana, maiores serão também a distância entre os valores encontrados e a média das amostras; e quanto menor for o desvio padrão, menores serão também a distância entre os valores encontrados e a média das amostras.

4. Assinale a alternativa que indica o conceito de desvio padrão:
   a) O desvio padrão é a medida de dispersão em torno da mediana amostral de uma variável conhecida. Como ocorre na variância, quanto maior for o desvio padrão, maiores serão também a distância entre os valores encontrados e a média das amostras; e quanto menor for o desvio padrão, menores serão também a distância entre os valores encontrados e a média das amostras. Assim como ocorre na variância, o desvio padrão jamais poderá assumir valores infinitos.
   b) O desvio padrão é a medida de dispersão em torno da média amostral de uma variável aleatória. Como ocorre na média, quanto maior for o desvio padrão, maiores serão também a distância entre os valores encontrados e a média das amostras; e quanto menor for o desvio padrão, menores serão também a distância entre os valores encontrados e a média das amostras. Assim como ocorre na variância, o desvio padrão jamais poderá assumir valores positivos.
   c) O desvio padrão é a medida de dispersão em torno da média amostral de uma variável aleatória. Como ocorre na variância, quanto maior for o desvio padrão, maiores serão também a distância entre os valores encontrados e a média das amostras; e quanto menor for o desvio padrão, menores serão também a distância entre os valores encontrados e a média das amostras. Assim como ocorre na variância, o desvio padrão jamais poderá assumir valores negativos.

d) O desvio padrão é a medida de posição em torno da variância de uma variável que não varia. Como ocorre na variância, quanto maior for o desvio padrão, maiores serão também a distância entre os valores encontrados e a média das amostras; e quanto menor for o desvio padrão, menores serão também a distância entre os valores encontrados e a média das amostras. Assim como ocorre na variância, o desvio padrão jamais poderá assumir valores infinitos.

e) O desvio padrão é a medida de posição central em torno da variância amostral de uma variável aleatória. Como ocorre na variância, quanto maior for o desvio padrão, maiores serão também a distância entre os valores encontrados e a média das amostras; e quanto menor for o desvio padrão, menores serão também a distância entre os valores encontrados e a média das amostras. Assim como ocorre na mediana, o desvio padrão sempre poderá assumir valores negativos.

5. A distribuição de probabilidade normal é também conhecida como:
   a) Distribuição gaussiana.
   b) Distribuição de Tales de Mileto.
   c) Distribuição euclidiana.
   d) Distribuição de Euler.
   e) Distribuição de Lattes.

Atividades de aprendizagem

Questões para reflexão

1. Com base nos dados relativos à produção de milho fornecido por um fazendeiro e que se encontram na tabela a seguir, calcule as seguintes medidas: média aritmética, média geométrica e média harmônica.

Ano	Agricultura
2007	1.360
2008	1.379
2009	1.438
2010	1.422
2011	1.416
2012	1.353
2013	1.466

2. Utilizando ainda a tabela da questão anterior, calcule as medidas de dispersão, desvio padrão e a variância e interprete seus resultados.

Atividade aplicada: prática

1. Conhecer os hábitos de consumo é um passo essencial para o correto planejamento das finanças pessoais. Dessa forma, faça uma pesquisa com as compras que você realizou ao longo do mês corrente e encontre a média aritmética, média geométrica e média harmônica dos valores gastos. Realize os mesmos processos nos meses subsequentes, calculando também o desvio padrão e a variância.

Após realizar esses procedimentos por no mínimo 6 meses, faça uma análise a respeito da variação de preços e de produtos ocorrida nesse período e reflita sobre como melhorar suas finanças pessoais. Utilize para isso uma planilha eletrônica.

3

Inferência estatística

Neste capítulo, trataremos dos principais conceitos relativos aos estimadores e suas propriedades. Revisaremos as características mais importantes dos intervalos de confiança para a média de uma população e analisaremos conceitos referentes ao processo de amostragem de aleatória, suas principais características e aplicações.

Iniciaremos o capítulo revendo o teorema do limite central, a lei dos grandes números e quais são suas implicações para a análise estatística de eventos econômicos.

3.1 Amostragens aleatórias

A intuição da amostragem aleatória é mais trivial do que, a princípio, podemos imaginar. Quando provamos uma banana, podemos, instintivamente, inferir se a penca de onde a fruta veio está madura e saborosa – ou seja, estamos utilizando o conceito de amostragem aleatória de forma intuitiva, pois fizemos uma extrapolação a respeito da qualidade da penca de bananas com base em uma fruta aleatória.

Utilizamos **amostragens aleatórias** quando temos um conjunto de elementos (população) cuja quantidade inviabiliza que a análise seja feita de um a um. Assim, podemos, com o objetivo de economizar recursos, destacar, aleatoriamente, um subconjunto do conjunto maior e extrapolar as conclusões dessa amostra para uma população.

Quanto aos métodos de obtenção as amostras, eles podem ser do tipo probabilístico ou não probabilístico.

No **método probabilístico**, todos os elementos presentes na população têm a mesma probabilidade de serem escolhidos e de fazer parte da amostra que o pesquisador pretende tratar, sendo possível analisar as características do consumo com base nessa amostra.

Nesse método, também é possível estimar as margens de erro dos resultados, e a aleatoriedade dos elementos da amostra nos permite evitar alguns tipos de enviesamento que podem ocorrer no método não probabilístico.

Os principais problemas do método probabilístico são o custo e a dificuldade para se obter os dados de uma população completa. Além disso, existem as dificuldades de ordem logística, pois muitos indivíduos da amostra que estiver sendo analisada podem não ser encontrados e não poderão ser substituídos por outros elementos da população, fazendo com que haja a possibilidade de enviesamento dos dados.

Um pesquisador, por exemplo, que deseje saber quais os hábitos de alimentação de todos os moradores da cidade de São Paulo dificilmente terá recursos próprios para entrevistar cada um dos habitantes da cidade; além disso, haveria problemas relacionados à logística como, por exemplo, o horário em que as entrevistas para a aplicação dos questionários seriam feitas, entre outros.

Outra questão importante, rapidamente aventada no Capítulo 1, diz respeito à escolha dos elementos que irão compor a amostra, pois, se o pesquisador quiser indivíduos que, de fato, reflitam os hábitos alimentares dos paulistanos, é preciso escolher bem as pessoas que farão parte da pesquisa, pois os costumes dos moradores do bairro do Bixiga dificilmente serão os mesmos dos moradores do bairro da Liberdade. Assim, se o pesquisador entrevistar apenas moradores do Bixiga, dificilmente o resultado de sua pesquisa refletirá os hábitos alimentares dos paulistanos.

Os principais métodos de amostragem aleatória são: amostragem aleatória simples, sistemática e por conglomerados. Conheça, a seguir, as características de cada um deles.

a) **Amostragem aleatória simples** – Nessa amostragem, todos os elementos têm a mesma probabilidade de seleção. Ela pode ser <u>com reposição</u>, quando o mesmo indivíduo pode ser sorteado mais de uma vez, ou <u>sem reposição</u>, quando o indivíduo pode ser sorteado apenas uma vez.

b) **Amostragem aleatória sistemática** – Ocorre quando o pesquisador utiliza algum tipo de critério para selecionar a amostra. É utilizada em sondagens de boca de urna, em que o pesquisador tem o número total de votantes em uma seção eleitoral e utiliza determinado critério, como a rua, para saber as intenções de votos do grupo selecionado.

c) **Amostragem aleatória por conglomerados** – É utilizada quando o pesquisador faz um estudo em determinado local, como região, bairro, cidade, estado etc., como em pesquisas que envolvem *clusters* geográficos. Um exemplo de aplicação desse tipo de amostragem é dividir uma região maior (uma cidade) em pequenas áreas de interesse (bairros).

Ao longo deste livro, quando não houver indicação do tipo de amostragem, você deve assumir que ela é uma **amostragem aleatória simples (AAS) com reposição**.

No **método não probabilístico**, consideram-se os critérios previamente estabelecidos pelo pesquisador em virtude dos condicionantes da pesquisa. Nesse caso, a seleção não é aleatória, e cada elemento da amostra é escolhido pelo pesquisador.

Apesar de, em boa parte das vezes, os métodos não probabilísticos serem mais baratos e de aplicação mais simples, esses métodos têm alguns inconvenientes, como a forte influência da opinião e dos valores pessoais dos pesquisadores na escolha dos indivíduos que vão compor a amostra, tornando-a menos próxima da realidade.

As amostras não aleatórias podem ser intencional, estratificada, de conveniência e por bola de neve, ou *snowball*. Conheça, a seguir, as principais características de cada uma.

a) **Amostra intencional** – Ocorre quando os elementos de uma população são escolhidos arbitrariamente, com base em características significativas que o pesquisador considera importantes para sua análise. Um exemplo desse tipo de amostragem é a definição, baseada em critérios do pesquisador, de determinado grupo de consumidores representativos.

b) **Amostragem aleatória estratificada** – É utilizada para populações heterogêneas, quando o pesquisador divide um conjunto de indivíduos em estratos obtidos de forma não aleatória para verificar o peso de cada subgrupo (cotas) no todo. Ocorre, por exemplo, em pesquisas que envolvem a renda dos entrevistados.

c) **Amostra de conveniência** – Ocorre quando os elementos são escolhidos pela facilidade de se obtê-los. É uma forma de amostragem menos dispendiosa, porém, normalmente, não representa a população, pois tende a ser enviesada. Um pesquisador que pretenda saber qual a opinião dos moradores de determinada rua a respeito do comércio do bairro e seleciona, por conveniência, um pedestre, corre o risco de entrevistar alguém que não more na rua, cuja opinião não é relevante para a pesquisa.

d) **Amostra por bola de neve ou *snowball*** – É um tipo intencional em que os entrevistados, que foram escolhidos arbitrariamente pelo pesquisador, indicam outros indivíduos da mesma população para, assim,

> compor a amostra. É bastante utilizada em pesquisas realizadas por escolas de línguas e de informática cujos alunos já matriculados indicam pessoas do seu círculo familiar ou de amizade que podem vir a se matricular nesses estabelecimentos de ensino. Também é largamente empregada em trabalhos sociais com moradores de rua em que um indivíduo entrevistado indica outras pessoas que estejam na mesma condição. Assim como ocorre na amostra por conveniência, é muito comum ocorrer viés na amostra por bola de neve.

3.1.1 Erro amostral, erro não amostral e viés

Uma vez que estamos trabalhando com amostras, e não com a totalidade de uma população, por mais próximos que sejam os resultados obtidos, eles dificilmente corresponderão aos valores do conjunto; todavia, esses erros, por não poderem ser eliminados, devem, ao menos, ser minimizados ao máximo.

Podemos definir o **erro amostral** como **a diferença entre o resultado da amostra em relação aos valores da população e da amostra destacada**. Assim, é preciso compreender que, mesmo entre dois grupos diferentes de um mesmo conjunto, dificilmente ocorrerão resultados semelhantes. Essa diferença entre os resultados das amostras e da população é fruto direto da variabilidade dos dados, diferentes entre si, que compõem os grupos pesquisados.

Os erros do tipo **não amostral** são aqueles não causados pela amostra escolhida em si, mas resultados de problemas sistêmicos, frutos da má utilização dos instrumentos ou do uso de instrumentos defeituosos, dados coletados de maneira incorreta e, até mesmo, erros de anotação ou de digitação.

Viés é um erro sistemático ocasionado pela ausência de alguma variável relevante, pelo acréscimo de alguma variável que não pertence ao modelo ou pela inclusão equivocada de dados, entre outros motivos. Quando dizemos que *um modelo tem viés*, estamos afirmando que há distorções entre o valor medido das amostras e o valor da população. Mesmo sabendo que todos os modelos têm algum tipo de viés, eles são indesejados e devem ser corrigidos ou eliminados na medida do possível.

O viés de especificação será abordado em mais detalhes no Capítulo 5, no qual veremos suas principais características e implicações, visto que ele é o tipo de viés que mais importa neste trabalho.

3.2 Distribuição amostral da média

Assumindo que X é a variável aleatória de uma população em que os parâmetros média populacional e a variância são conhecidas, $\mu = E(X)$ e $\sigma^2 = Var(X)$, calculamos as médias $\bar{X}$ de todas as amostras aleatórias simples (AAS), com tamanhos n possíveis e, assim, encontramos distribuição amostral da média, que pode ser definida pela expressão:

$$E(\bar{X}) = \sum_i \bar{x}_i = \frac{X_1 + X_1 + \ldots + X_n}{n} \qquad \text{Equação 3.1}$$

3.3 Lei dos grandes números e teorema do limite central

Apesar de intuitivos e de relativamente fácil compreensão, esses dois importantes teoremas da teoria da probabilidade nos permitem estimar, a partir de uma amosta, parâmetros como a média de uma população e o seu desvio padrão. A seguir, vamos conhecer mais sobre eles.

3.3.1 Lei dos grandes números

Segundo a **lei dos grandes números**, quanto mais cresce o número das amostras, maior é a tendência de a média amostral ser igual à média populacional.

Isso pode ser verificado em um jogo de cara ou coroa, no qual, como você sabe, ao jogarmos a moeda para o alto, há apenas 2 possibilidades: cara ou coroa – com probabilidade igual a 0,5 tanto para uma quanto para a outra.

Caso lancemos a moeda n vezes, de acordo com a lei dos grandes números, quanto maior for n, mais a média aritmética dos valores observados tenderá a ser 0,5.

3.3.2 Teorema do limite central

O **teorema do limite central** afirma que, quanto mais aumentamos o número de amostras, mais o histograma que representa a distribuição amostral se aproxima de uma distribuição normal. A condição para que isso ocorra é que a variável X_1 seja independente e identicamente distribuída e que a média amostral $\bar{X}$ tenha distribuição normal, com variância igual a $\dfrac{\sigma^2}{n}$ e com média μ. Com isso, temos a equação:

$$\sqrt{n}\,\frac{(\bar{X}-\mu)}{\sigma} \xrightarrow{D} N(0,1) \qquad \text{Equação 3.2}$$

Ou, como a seta com a letra D em cima significa *converge* em distribuição, podemos utilizar simplesmente:

$$\sqrt{n}\,\frac{(\bar{X}-\mu)}{\sigma}$$

3.4 Estimadores e suas propriedades

Conforme vimos no Capítulo 2, há diversos casos em que é inviável fazer uma pesquisa com o intuito de avaliar uma grande população. Uma forma de contornar essa limitação é inferir os parâmetros de uma população levando em conta os estimadores de uma amostra.

Inferência estatística é um conjunto de métodos estatísticos que buscam, por meio da extrapolação dos resultados obtidos, com base nos dados de uma amostra, fazer generalizações para toda uma população. **Estimadores** são os valores obtidos de uma análise feita de uma ou mais amostras. A ideia básica dos estimadores é buscar ponderar os valores dos parâmetros de uma população.

Na Figura 3.1, temos, no lado direito, os parâmetros:

- μ: média populacional;
- σ: desvio padrão populacional;
- σ^2: variância populacional.

Do lado esquerdo, temos os estimadores:

- $\bar{X}$: média amostral;
- S: desvio padrão amostral;
- S^2: variância amostral.

Figura 3.1 – Inferência estatística

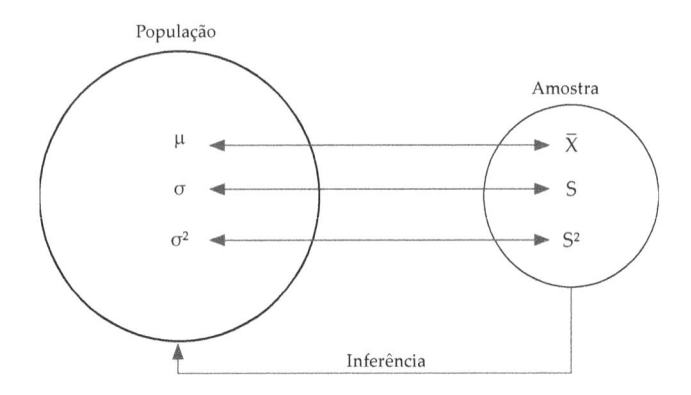

A média amostral nada mais é do que a média aritmética de uma amostra. De acordo com o teorema do limite central, a curva de distribuição da média é uma normal, portanto, simétrica, que pode ser representada pela equação:

$$\bar{X} = \frac{1}{n} \times (x_1 + x_2 + \ldots + x_n)$$ Equação 3.3

De maneira simplificada, temos:

$$\bar{X} = \frac{1}{n} \times \sum_{i=1}^{n} x_i$$ Equação 3.4

A ideia básica do desvio padrão de uma amostra não difere muito do desvio padrão amostral, que já abordamos no Capítulo 2. Assim como ocorre no desvio padrão, o desvio padrão amostral é uma medida de dispersão relativa à média de uma amostra cuja curva de distribuição é uma normal, podendo ser representado pela equação:

$$S = \sqrt{S^2}$$ Equação 3.5

Também podemos calcular o desvio padrão amostral utilizando a seguinte equação:

$$S = \sqrt{\sum_{i=1}^{n} \frac{(x_1 - \bar{x})^2}{n-1}}$$

Equação 3.6

À semelhança do desvio padrão, a variância populacional é uma medida de dispersão que indica a distância entre a média amostral e a amostra. A variância de uma amostra jamais poderá assumir um valor negativo e, diferentemente da média amostral e do desvio padrão, a curva de distribuição da variância amostral tem distribuição qui-quadrado.

A variância amostral pode ser representada pela seguinte equação:

$$S^2 = \sum_{i=1}^{n} \frac{(x_1 - \bar{X})^2}{n-1}$$

Equação 3.7

Que também pode ser dada por:

$$S^2 = \frac{\sigma^2}{n}$$

Equação 3.8

3.5 Intervalos de confiança para a média da população

Exemplos bastante conhecidos do que serão **intervalos de confiança** são as famosas margens de erros das pesquisas eleitorais. Quando dizemos que *o candidato Fulano pode ter 20% dos votos, com margem de erro de 2%*, estamos estabelecendo um intervalo de confiança, nesse caso, de 98%. Isso significa que há 98% de probabilidade de que a amostra selecionada represente a população e 2% de que não represente. Em estatística, o termo *erro amostral* é mais usual do que o termo *margem de erro*.

Por maior que seja o rigor empregado em uma pesquisa eleitoral, há sempre a possibilidade de que haja um número exageradamente grande ou pequeno de eleitores do candidato Fulano na amostragem. O intervalo de confiança nos dirá o quanto esses valores são significativos em relação à realidade.

Intervalos de confiança indicam o quanto um estimador pode ser confiável ou não. Por um lado, quanto maior for o intervalo de confiança, menos confiável será a estimativa; por outro, quanto menor for o intervalo de confiança, mais confiável será a estimativa.

A Figura 3.2 apresenta o nível de confiança de uma amostra, que é dado por $(1 - \alpha)$, em que α é o nível de significância, ou seja, o risco de erro a que alguém estará sujeito caso faça alguma afirmação referente à população baseado em determinada estimativa.

Figura 3.2 – Intervalo de confiança

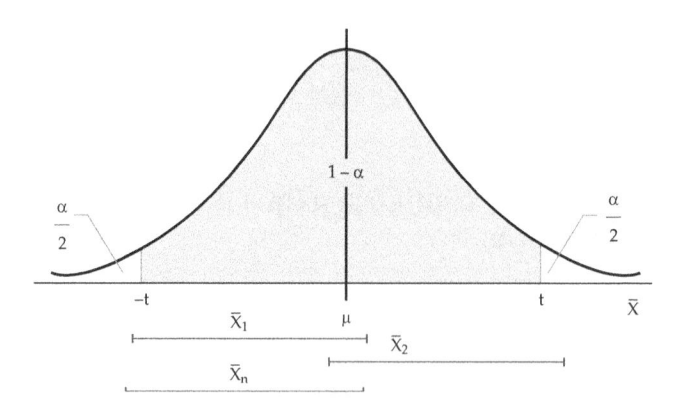

Na Figura 3.2, temos que $\bar{X}_1$, $\bar{X}_2$ e $\bar{X}_n$ são as amostras aleatórias retiradas de uma população que pode ou não conter o parâmetro μ. O que podemos afirmar, com certeza, é que o parâmetro μ se encontra entre o limite inferiores $-t$ e o limite superior t.

Exemplo 3.1

A média amostral das notas de 144 estudantes foi 21,5, com variância de 20. Encontre o intervalo de confiança IC com 96% de confiança e média populacional μ.

Substituindo os valores na Equação 3.8, com o objetivo de encontrar a variância amostral, temos:

$$S^2 = \frac{20}{\sqrt{144}} = 0,139$$

Sabendo que o desvio padrão é a raiz quadrada da variância, chegamos a:

$$S = \sqrt{0,139} = 0,373$$

Ao buscar um intervalo com 96% de confiança e assumindo que a distribuição é normal, portanto, simétrica, utilizando a Tabela A, que está no Anexo 1, e encontramos t = 2,06, que representa a metade da área que corresponde ao nível de significância da amostra 96%.

A Figura 3.3 representa a distribuição normal padronizada com probabilidade de 96%.

Figura 3.3 – Distribuição normal padronizada

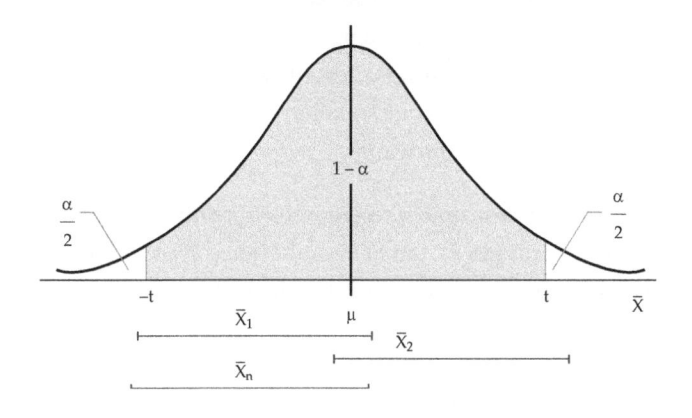

Até agora, encontramos os valores da curva normal padronizada, que é um caso especial em que temos média igual a 0 e desvio padrão igual a 1.

Assumindo que a "média da média" da amostra é igual a μ e que S = 0,373, podemos aplicar:

$$\frac{|\bar{X} - \mu|}{S} = 2,06.$$

Desenvolvendo, teremos:

$$\frac{|21,5 - \mu|}{0,373} = 2,06.$$

Portanto:

μ = 20,73 ou μ = 22,27.

Isso significa que a média populacional pode estar entre 20,73 ou 22,27. Dito de outra maneira, o intervalo de confiança é:

$$IC_{96\%} = [20,73;\ 22,27]$$

3.6 Testes de hipóteses relativas à média da população

Os **testes de hipóteses** são realizados para comprovar a validade de hipóteses a respeito de um parâmetro de uma população, pois, sempre que um pesquisador levanta suposições acerca de uma população, é necessário que se comprove que a amostra escolhida é adequada para comprová-las.

O teste de hipótese que apresentamos a seguir utiliza a **demonstração por contradição**, também conhecida como *método de redução ao absurdo*, ou ainda, *reductio ad absurdum*. Elas acontecem quando assumimos que a hipótese H_0 é nula e que a sua negação, H_1, chamada de *hipótese alternativa*. A soma das hipóteses cobre todas as probabilidades e, portanto, é igual a 100%.

Assumindo que θ_0 é um valor qualquer de θ, temos as seguintes hipóteses possíveis:

$H_0 : \theta = \theta_0$;
$H_0 : \theta = \theta_0$.

Ou

$H_0 : \theta = \theta_0$;
$H_1 : \theta < \theta_0$.

Ou

$H_0 : \theta = \theta_0$;
$H_1 : \theta > \theta_0$.

A primeira das hipóteses acima é bicaudal, pois, quando há o sinal de desigual, podemos entender que a hipótese está localizada na cauda inferior ou na cauda superior. As demais são do tipo monocaudal, pois os testes são realizados com os últimos pares de hipóteses.

Síntese

Neste capítulo, para dominar as bases do estudo de matemática aplicada à economia, revisamos os conceitos fundamentais de inferência estatística. Dessa forma, abordamos o que são e quais são os principais estimadores utilizados. As técnicas mais importantes para a obtenção de estimadores, como a média amostral, o desvio padrão amostral e a variância amostral, bem como suas propriedades, foram objetos de análise neste capítulo.

Também verificamos a aplicação da lei dos grandes números e o teorema do limite central. Tratamos, ainda, dos principais conceitos relacionados aos intervalos de confiança da média de uma população, além de conceitos como intervalo de confiança, nível de significância e região de aceitação. Com o objetivo de fundamentar os conceitos que serão estudados no próximo capítulo, revisamos também os testes de confiança, os testes de hipóteses relativas à média da população e seus conceitos fundamentais.

Exercício resolvido 3.1

Em certa avaliação, metade dos alunos obteve nota 80 e foi aprovadas. A outra metade da turma tirou nota 40 e, por isso, foi reprovadas. Sem saber como as notas foram distribuídas, uma secretária ficou incumbida de calcular a média da turma.

Para resolver o problema, a secretária calculou a distribuição amostral da média seguindo os seguintes passos:

1. Dividiu os alunos em A (aprovados) e R (reprovados).
2. Coletou a nota de 5 alunos, o que implica que há 32 combinações possíveis que estão representadas na Tabela 3.1.

Sabemos que são 32 combinações possíveis, pois se trata de um arranjo com repetição e, portanto, todos os elementos podem aparecer repetidamente; logo, podemos encontrar o número de combinações possíveis da seguinte maneira:

$A_r(m, p) = m^p$

Assim, temos:

$A_r(2, 5) = 2^5 = 32$

Na Tabela 3.1, temos todas as possíveis combinações entre R, reprovados com nota 40, e A, aprovados com nota 80.

De acordo com os dados da Tabela 3.1, se usarmos a célula correspondente à combinação *ARARA* como exemplo de cálculo, temos:

$$ARARA = \frac{80+40+80+40+80}{5} = 64$$

Todas as outras células foram preenchidas segundo o mesmo raciocínio.

Tabela 3.1 – Notas possíveis

Amostras	Média amostral	Amostras	Média amostral
R R R R R	40	R R A A A	64
R R R R A	48	R A R A A	64
R R R A R	48	R A A R A	64
R R A R R	48	R A A A R	64
R A R R R	48	A R R A A	64
A R R R R	48	A R A A R	64
R R R A A	56	A R A R A	64
R R A A R	56	A A R A R	64
R A A R R	56	A A A R R	64
A A R R R	56	A A R R A	64
R R A R A	56	R A A A A	72
R A R R A	56	A R A A A	72
A R R R A	56	A A R A A	72
R A R A R	56	A A A R A	72
R R R R R	56	A A A A R	72
R R R R R	56	A A A A A	80

$$E(\bar{X}) = \frac{1 \cdot 40 + 5 \cdot 48 + 10 \cdot 56 + 10 \cdot 64 + 5 \cdot 72 + 1 \cdot 80}{32} = 60$$

Exercício resolvido 3.2

Na Tabela 3.2, temos os valores das ações de uma determinada empresa ao longo de uma semana. Calcule a média amostral, o desvio padrão e a variância dos preços dessas ações.

Tabela 3.2 – Valores de ações em reais

Segunda-feira	25
Terça-feira	30
Quarta-feira	35
Quinta-feira	20
Sexta-feira	35

- Média amostral – Aplicando a Equação 3.3, temos:

$$\bar{X} = \frac{1}{n} \cdot (x_1 + x_2 + \ldots + x_n) = \frac{1}{5} \cdot (25 + 30 + 35 + 35 + 20)$$

$$\bar{X} = 29.$$

- Desvio padrão – Aplicando a Equação 3.6, temos:

$$S = \sqrt{\sum_{i=1}^{5} \frac{(x_1 - \bar{X})^2}{n-1}} =$$

$$= \sqrt{\frac{(25-29)^2 + (30-29)^2 + 2 \cdot (35-29)^2 + (23-29)^2}{4}}$$

$$S = 5,6.$$

- Para calcular a variância amostral, podemos aplicar a Equação 3.7 ou, simplesmente, elevarmos o desvio padrão ao quadrado:

$$S^2 = 5,6^2 \cong 31,25$$

Exercício resolvido 3.3

Para inferir qual o nível de endividamento dos habitantes de determinado bairro de Curitiba, foi feita uma amostragem com 100 habitantes, na qual foi encontrado um endividamento médio de R$ 1.600,00. Porém uma consultoria afirmou que o endividamento médio dos moradores desse bairro é de, no mínimo, R$ 1.800,00. Arbitrando que o resultado da consultoria tem 5% de significância e que o desvio padrão do endividamento é de R$ 250,00, podemos testar esse resultado da seguinte maneira:

$H_0 : \mu = 1.800$

$H_1 : \mu < 1.800$

Como assumimos que $H_1 : \mu < 1.800$, vemos que o teste que estamos realizando é do tipo monocaudal; mais especificamente falando, os 5% de α devem estar concentrados na cauda esquerda da curva normal, conforme mostra a Figura 3.4.

Figura 3.4 – Curva normal

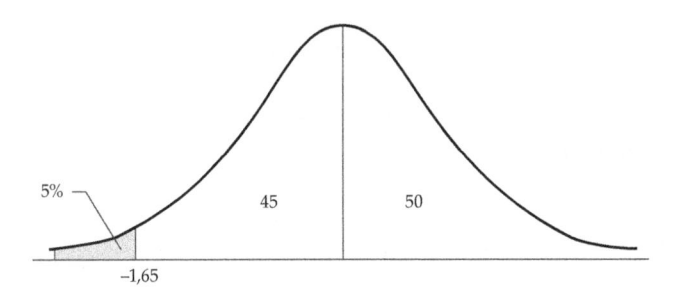

Considerando a relação $S = \dfrac{\sigma}{\sqrt{n}}$, temos:

$S = \dfrac{250}{\sqrt{100}} = 25$.

Substituindo em $\dfrac{|\overline{X}-\mu|}{S} = 1,65$, teremos:

$\dfrac{|\overline{X}-1800|}{12} = 1,65.$

Portanto:

$|\overline{X}-1800| = 12 \cdot 1,65 = 19,8.$

Como pretendemos comprovar se a consultoria está correta em sua afirmação de que a média de endividamento é de "no mínimo" R$ 1.800,00, o que nos importa são os valores menores do que R$ 1.800,00. Assim, temos:

$\overline{X} = 1800 - 19,8 = 1780,2.$

E, por conseguinte, encontramos a seguinte região de aceitação:

$RA = [1780,2; \infty[$

Isso significa que, em uma amostra de 100 moradores pesquisados, há menos de 10% de probabilidade de encontrarmos algum que tenha menos de R$ 1.600,00 em dívidas, ou seja, a média de endividamento encontrada pelo pesquisador.

Em outras palavras, a sugestão dada pela consultoria deve ser educadamente descartada.

Atividades de autoavaliação

1. Assinale a alternativa que indica corretamente o conceito de intervalos de confiança:
   a) Os intervalos de confiança indicam o quanto um estimador pode ser confiável ou não. Quanto **menor** for o intervalo de confiança, menos confiável será a estimativa; e, quanto **maior** for o intervalo de confiança, menos confiável será a estimativa.

b) Os intervalos de confiança indicam o quanto um estimador pode ser confiável ou não. Quanto **maior** for o intervalo de confiança, menos confiável será a estimativa; e, quanto **menor** for o intervalo de confiança, mais confiável será a estimativa.

c) Os intervalos de confiança indicam o quanto uma variável aleatória pode ser confiável ou não. Quanto **maior** for o número de elementos, menos confiável será a estimativa; e, quanto **menor** for o intervalo disponível, mais confiável será a estimativa.

d) Os intervalos de confiança indicam o número de estimadores possíveis. Quanto **maior** for o intervalo de confiança, menos confiável será a estimativa; e, quanto **menor** for o intervalo de confiança, mais confiável será a estimativa.

e) Os intervalos de confiança indicam o o número de estimadores possíveis. Quanto mais **parecidos** forem os intervalos de confiança, menos confiável será a variável aleatória; e, quanto **menor** for o intervalo de confiança, mais confiável será a estimativa.

2. O que afirma o teorema do limite central?

a) O teorema do limite central afirma que, quando diminuimos o número de amostras, mais a distribuição amostral de $\bar{X}$ se aproxima de uma distribuição *t-Student*. Isso ocorre seja qual for a forma da distribuição da amostra.

b) O teorema do limite central afirma que, quando aumentamos o número de amostras, mais a distribuição amostral de $\bar{X}$ se aproxima de uma distribuição normal. Isso ocorre seja qual for a forma da distribuição da população.

c) O teorema do limite central afirma que, quando mantemos o número de amostras, mais a distribuição amostral de $\bar{X}$ se aproxima do infinito. Isso ocorre apenas com as distribuições normais.

d) O teorema do limite central afirma que, quando diminuímos o número de amostras, mais a distribuição amostral de $\bar{X}$ se distanciará de uma distribuição normal. Isso não irá ocorrer para qualquer forma de distribuição da população.

e) O teorema do limite central afirma que, quando intercalamos as amostras, a distribuição amostral de $\bar{X}$ é infinita. Isso ocorre apenas com as distribuições normais.

3. O que é nível de significância?
   a) O nível de significância é o risco de erro a que estaremos sujeitos caso façamos alguma afirmação referente à população com base em uma determinada estimativa.
   b) O nível de significância é a probabilidade de acertos que poderemos ter caso façamos alguma afirmação referente a uma amostra individual com base em uma determinada estimativa.
   c) O nível de significância é o número de tentativas que precisamos implementar caso façamos alguma afirmação referente à população com base em determinada amostra.
   d) O nível de significância é o risco de erro a que estaremos sujeitos caso façamos alguma negativa referente a uma variável amostral com base em determinada estimativa.
   e) O nível de significância é o risco de erro a que estaremos sujeitos caso façamos algum "chute" referente a uma variável amostral com base em uma amostra única.

4. O que são parâmetros de uma população?
   a) Parâmetros são medidas que descrevem as características de uma amostra.
   b) Parâmetros são medidas que descrevem as características de uma variável aleatória.
   c) Parâmetros são medidas que descrevem as características de uma população.
   d) Parâmetros são medidas que descrevem as características de uma variância.
   e) Parâmetros são medidas que descrevem as características qualitativas de uma variância.

5. Assinale a alternativa que apresenta corretamente o significado de região de aceitação:
   a) Região de aceitação é o conjunto de valores assumidos pelo teste para os quais a hipótese nula jamais poderá ser aceita.
   b) Região de aceitação é o conjunto de variáveis aleatórias assumidas pelo pesquisador para os quais a hipótese nula pode ser aceita.
   c) Região de aceitação é o conjunto de valores assumidos pelo teste para os quais a hipótese nula deverá ser novamente testada.
   d) Região de aceitação é o conjunto de parâmetros utilizados em algum teste para os quais a hipótese nula pode ser aceita ou descartada de acordo com os valores omitidos pela variável aleatória.
   e) Região de aceitação é o conjunto de valores assumidos pelo teste para os quais a hipótese nula pode ser aceita.

Atividades de aprendizagem

Questões para reflexão

1. Na tabela a seguir, temos os preços de uma famosa marca chilena de vinhos, que foram coletados em vários supermercados de Curitiba. Com base nesses dados, calcule a média amostral.

2. Após calcular a média amostral, calcule o desvio padrão e a variância e reflita com seus colegas sobre o significado econômico dos valores encontrados.

Preços em reais	
33,00	25,00
38,00	30,00
26,00	35,00
48,00	20,00
50,00	35,00

Atividade aplicada: prática

1. Imagine que você foi contratado para fazer a compra de 30 motocicletas com no máximo 3 anos de uso, para uma rede de pizzarias da sua cidade. Como esta é uma compra relativamente grande, o empresário que contratou seus serviços não se importa que ela seja realizada em outros estados, desde que o valor das motos seja menor.

   Valores referentes a itens como logística, impostos, transporte etc. serão desconsiderados, porém o cliente exige que uma pesquisa seja realizada com no mínimo 10 motos e em ao menos 5 estados escolhidos por ele. Além disso, ele deseja que seja feito um sucinto memorial de cálculos abrangendo a média amostral, o desvio padrão e a variância dos valores encontrados, bem como uma pequena análise indicando onde a compra deve ser feita.

   Utilize em sua pesquisa a internet, os sites de vendas de veículos da sua escolha e uma planilha eletrônica.

4

Análise de regressão

Quando estudamos economia, é bastante comum encontrarmos situações em que temos uma variável dependente que é afetada por uma variável explanatória, também chamada de *variável independente*.

Uma técnica bastante utilizada nesse tipo de análise é a **regressão linear**, o método que estuda a relação entre uma variável dependente com uma ou mais variáveis explanatórias com o objetivo de estimar os valores médios de uma população.

Nesse sentido, neste capítulo, analisaremos a as principais características e as aplicações do modelo de regressão linear.

4.1 Método de regressão linear

Um exemplo da aplicação do **método de regressão linear** é a questão que propusemos como "Atividade aplicada: prática", no Capítulo 1, em que buscamos encontrar a relação entre a escolaridade e a renda. Na função de regressão populacional utilizada nessa análise, Yi = 3,103 + 0,993Xi, *Yi* é a **variável dependente,** que representa a quantidade de horas trabalhadas, enquanto *Xi* é a **variável independente**, que representa a escolaridade em anos de estudo.

No Capítulo 1, como ainda não havíamos feito a revisão de assuntos como *probabilidade* e *inferência estatística*, faltavam os subsídios necessários para trabalhar com problemas que envolvem conceitos relativos à regressão linear, por isso os valores dos estimadores β_1 e β_2 foram dados.

O modelo de regressão linear simples é aquele que tem apenas duas variáveis: uma dependente e uma independente. Esse padrão é utilizado quando trabalhamos com uma população e é representado pela seguinte equação:

$$Y = \beta_1 + \beta_2 X_i + u_i \qquad \text{Equação 4.1}$$

Em que Y é a variável dependente e X é a variável independente. Os coeficientes de regressão são β_1 e β_2, parâmetros fixos, porém desconhecidos. Como a Equação 4.1, a princípio, é uma equação reduzida da reta, em que β_1 é o interceptor e β_2 é o coeficiente angular. Como veremos nos próximos capítulos, existem casos nos quais, por exemplo, a variável independente X está elevada a alguma potência diferente de 1.

O termo u_i é uma variável aleatória não observável, também chamada de *termo de erro estocástico*, e concentra distorções como as ocasionadas pelas omissões teóricas, pela falta ou indisponibilidade de dados que podem vir a causar pequenas variações, erros de medição, erros de coleta de dados ou até mesmo por questões de parcimônia em relação à análise.

4.1.1 Diagrama de dispersão

O **diagrama de dispersão**, também chamado de *diagrama de correlação*, é uma nuvem de pontos dispostos em um gráfico cartesiano XY no qual são representados os valores de duas variáveis simultaneamente.

Cada ponto da nuvem que forma o diagrama de dispersão representa um indivíduo que está sendo analisado. Esses pontos são organizados em pares do tipo $(X_1, Y_1), (X_2, Y_2), ..., (X_n, Y_n)$.

Pelo diagrama de dispersão, é possível verificar se há alguma relação linear entre os pontos da nuvem, bem como verificar, caso haja, se o relacionamento entre as variáveis é forte ou fraco.

A linha de regressão é a linha formada pelos pontos da média da relação entre as variáveis X e Y, em que u_i é a distância entre o valor observado da variável dependente e a média.

Quanto maior for a concentração e a proximidade de pontos no entorno da linha de regressão, maior será a correlação entre as variáveis X e Y. Caso a inclinação da reta seja positiva, a correlação também será positiva; caso seja negativa, a correlação também será negativa.

No Gráfico 4.1, temos um exemplo de um diagrama de dispersão.

Gráfico 4.1 – Diagrama de dispersão

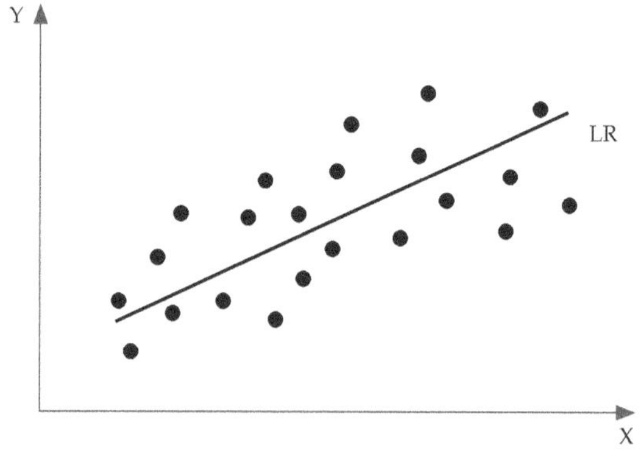

Nesse gráfico, conforme podemos facilmente observar, a relação entre as variáveis X e Y é positiva.

4.2 Estimação dos coeficientes do modelo de regressão linear

Na seção anterior, observamos as principais características da função de regressão simples na qual todos os elementos são conhecidos. Para isso, utilizamos a expressão $Y = \beta_1 + \beta_2 X_i + u_i$.

Agora, veremos a função de regressão amostral, na qual, em vez de trabalhamos com uma população conhecida, trabalharmos com as amostras e estimaremos os parâmetros dessa população. Vale salientar que, na maioria dos casos, não temos todos os elementos de uma população, o que faz com que a função de regressão amostral seja mais comumente utilizada no dia a dia do que a função de regressão populacional.

Na Equação 4.2, temos a expressão que representa o modelo de regressão linear estimado:

$$\hat{Y}_i = \hat{\beta}_1 + \hat{\beta}_2 X_i + \hat{u}_i \qquad \text{Equação 4.2}$$

Em que $\hat{Y}_i$ é o estimador de Y_i ou $E(Y|X)$, $\hat{\beta}_1$ é o estimador de β_1, $\hat{\beta}_2$ é o estimador de β_2, $\hat{u}_i$ é o estimador do erro estocástico u_i e X_1 é a variável independente. Chamamos $\hat{\beta}$ de *beta chapéu*; no contexto da regressão linear, sempre que houver o **chapéu**, sabemos de antemão que estamos trabalhando com um estimador.

No Gráfico 4.2, temos a sobreposição esquemática de uma função de regressão amostral e a sua função de regressão populacional. É fácil perceber que os valores não são idênticos, porém os valores estimados são próximos o bastante para que possamos realizar diversos tipos de análises.

Gráfico 4.2 – Regressão amostral e populacional sobrepostas

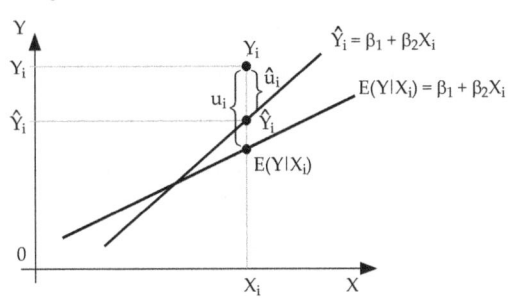

4.3 Estimador de mínimos quadrados ordinários

Agora, iremos utilizar o método dos mínimos quadrados ordinários (MQO) como ferramenta para encontrar os estimadores $\hat{\beta}_1$ e $\hat{\beta}_2$ de forma que sejam os mais próximos dos parâmetros β_1 e β_2.

Ao utilizarmos o MQO para encontrarmos os estimadores $\hat{\beta}_1$ e $\hat{\beta}_2$, é preciso assumir a hipótese de que a média do termo de erro ui é igual a 0 e que este é, normalmente, distribuído. Isso significa que, se houver 10 unidades de erro acima da linha de regressão, necessariamente deverá haver 10 unidades de erro abaixo da reta; assim, temos $E(u_i) = 0$.

Ao assumirmos a hipótese de que u_i é normalmente distribuído, os estimadores de mínimos quadrados β_1 e β_2, que são funções lineares de u_i, também devem ter distribuição normal. Como consequência da hipótese da normalidade, os estimadores são eficientes, o que significa que não têm viés, não são tendenciosos e suas variâncias são mínimas. Além disso, podemos afirmar que os estimadores são consistentes, fazendo com que, à medida que aumentamos a quantidade de amostras, mais os valores amostrais se aproximam dos valores populacionais.

É importante ter em mente que tanto essas quanto as demais hipóteses que serão abordados com mais detalhes nas próximas seções são arbitradas, pois haverá situações em que elas deverão ser "relaxadas" por exigência do tipo de pesquisa que está sendo realizada.

Assim, com base nas hipóteses apresentadas, podemos depreender que $E(\hat{\beta}_1) = \beta_1$.

Da mesma forma, em relação à variância de $\hat{\beta}_1$, podemos afirmar que:

$$Var(\hat{\beta}_1) : \sigma^2_{\hat{\beta}_1} = \frac{\sum x_i^2}{n \sum x_i^2}$$

Equação 4.3

De modo mais simples, temos:

$$\hat{\beta}_1 \sim N(\beta_1, \sigma^2_{\hat{\beta}_1})$$

A expressão apresentada deve ser lida da seguinte forma: "$\hat{\beta}_1$ segue distribuição normal com média igual a β_1 e desvio padrão dado por $\sigma^2_{\hat{\beta}_1}$".

Para encontrarmos a variável Z, utilizamos a seguinte equação:

$$Z = \frac{\hat{\beta}_1 - \beta_1}{\sigma_{\hat{\beta}_1}} \qquad \text{Equação 4.4}$$

Em que $\sigma_{\hat{\beta}_1}$ é o desvio padrão do estimador $\hat{\beta}_1$.

Segundo as propriedades da distribuição normal, temos que a média é igual a 0 e a variância é igual a 1; assim, chegamos à seguinte relação: $Z \sim N(0, 1)$.

Caso você não se recorde do significado da variável Z, é recomendável que faça uma revisão da **distribuição normal**, que foi abordada no Capítulo 2.

Sob a hipótese da distribuição normal, temos, para o estimador $\hat{\beta}_2$, as seguintes relações:

$$E(\hat{\beta}_2) = \beta_2 \qquad \text{Equação 4.5}$$

Em relação à variância de $\hat{\beta}_2$, podemos afirmar que:

$$\text{Var}(\hat{\beta}_2): \sigma^2_{\hat{\beta}_2} = \frac{\sigma^2}{\sum x_i^2} \qquad \text{Equação 4.6}$$

De maneira mais simples, temos:

$$\hat{\beta}_2 \sim N(\beta_2, \sigma_{\hat{\beta}_2}^2) \qquad \text{Equação 4.7}$$

Semelhantemente ao tratamento dado ao estimador $\hat{\beta}_1$, temos:

$$Z = \frac{\hat{\beta}_2 - \beta_2}{\sigma_{\hat{\beta}_2}} \qquad \text{Equação 4.8}$$

4.4 Hipóteses de mínimos quadrados ordinários

Para que possa atender às necessidades dos modelos econômicos desenvolvidos no âmbito da análise econométrica, o modelo de regressão linear deve respeitar a algumas hipóteses.

Algo importante sobre as hipóteses que serão apresentadas é que, na prática, as contingências muitas vezes impostas pela pesquisa que está sendo desenvolvida fazem com que seja necessário descumprir algumas dessas premissas, porém é preciso estar atento para que essas violações não comprometam a fidedignidade dos resultados do projeto.

Um exemplo de violação de hipótese é o ajuste do termo de erro u_i necessário quando os eventos estudados não se comportam exatamente como o indicado pelo modelo. Naturalmente, tal violação deve ser apontada e convenientemente justificada ao longo do projeto de pesquisa que está sendo desenvolvido.

4.4.1 Hipótese 1

A condição necessária para que um modelo de regressão seja de fato linear é que haja linearidade nos parâmetros. Assim, podemos ter a variável X elevada à segunda ou à terceira potências sem que o modelo deixe de ser linear. A equação do modelo de regressão linear, como já foi visto, é dada pela Equação 4.1: $Y = \beta_1 + \beta_2 X_i + u_i$

4.4.2 Hipótese 2

Os valores de x_i são fixos, não estocásticos, o que significa que só serão considerados os termos de erro de Y e não os de x_i. A ideia por trás dessa hipótese é a de simplificar a análise de regressão.

Por uma questão de simplificação, assumimos que a covariância, que pode ser entendida como sendo a variância conjunta entre duas variáveis (o regressor X e o termo de erro u_i) é igual a zero. Isso significa que estamos assumindo que os regressores não são estocásticos. Assumimos essa hipótese porque, em análises econômicas, é bastante comum a utilização de *dados secundários* coletados por instituições governamentais ou privadas. Por isso, pressupomos que os valores dos regressores X sejam fixos e, portanto, independentes do termo de erro u_i.

$$\text{cov}(u_i, X_{2i}) = \text{cov}(u_i, X_{3i}) = 0$$

No Gráfico 4.3, podemos visualizar que x_i, independentemente do termo de erro u_i, enquanto em Y existe a presença do termo de erro u_i.

Gráfico 4.3 – Termo de erro u_i

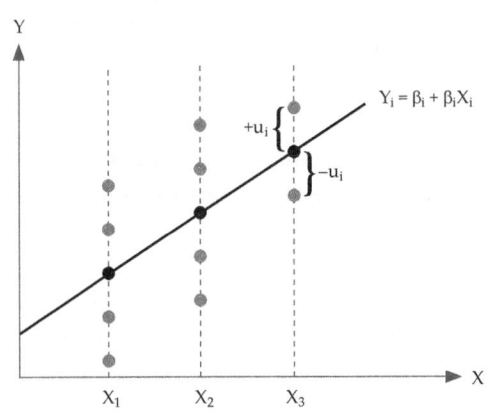

4.4.3 Hipótese 3

O valor médio do termo de erro u_i é igual a zero, ou seja, se houver 10 unidades de erro acima da linha de regressão, haverá outras 10 unidades abaixo da reta. As notações $+u_i$ e $-u_i$ do Gráfico 4.3 ilustram a hipótese 3. Na Equação 4.9, temos a hipótese 3 escrita de maneira mais formal:

$$E(u_i|x_i) = 0 \qquad \text{Equação 4.9}$$

Para X não estocástico, temos:

$$E(u_i) = 0 \qquad \text{Equação 4.10}$$

Ao aceitarmos a hipótese 3 como verdadeira, assumimos que não há erro de especificação no modelo. Erros de especificação, também conhecidos como *viés de especificação*, dizem respeito à inclusão de variáveis desnecessárias, à exclusão de variáveis importantes ou à incorreta especificação das relações entre as variáveis X e Y.

4.4.4 Hipótese 4

A variância de u_i é constante, independentemente do valor de X. Essa hipótese também é conhecida como *hipótese da homocedasticidade*. Isso significa como o prefixo *homo* sugere, que seja qual for o valor hipotético da variável X, não haverá mudanças nas medidas de dispersão associadas às variáveis.

A presença de variabilidade nas medidas de dispersão, por sua vez, é chamada de *heterocedasticidade* e significa que, se alterarmos a variável, haverá medidas de dispersão distintas.

Apesar de o exemplo dado se referir à variável X, a homocedasticidade também pode ser identificada no termo de erro ou da variável dependente. Assim, temos:

$$\text{var}(u_i) = \sigma^2 \qquad \text{Equação 4.11}$$

Um exemplo das implicações da hipótese 4 é o fato de que um grupo de pessoas com menos escolaridade tenda a ter, entre si, menor variação de ocupação/renda do que um grupo de pessoas com graduação e/ou pós-graduação.

Isso significa que, em um grupo de pessoas com a mesma graduação, é possível encontrar tanto desempregados quanto presidentes de empresas. Esse tipo de variação é menos comum de ser encontrada em grupos com menos escolaridade.

A relação homocedasticidade *versus* heterocedasticidade será abordada com mais detalhes ao longo deste livro.

4.4.5 Hipótese 5

A **autocorrelação** ocorre quando existe correlação de uma variável consigo mesma, cujos valores têm algum tipo de defasagem. Parece um pouco confuso, mas a ideia por trás dessa hipótese é bastante simples. Se, em uma variável x_t, em que t indica variação de períodos, verificarmos que há correlação entre o valor de x_t em determinado período e o valor dessa variável no período imediatamente anterior, e essa correlação ocorre de forma sistemática, podemos afirmar que existe autocorrelação entre x_t e x_{t-1}.

A importância de assumirmos a hipótese de que não há autocorrelação entre os erros se deve ao fato de que, com a presença dela, não haveria garantia de que o estimador de mínimos quadrados ordinários seja aquele que tem a menor variância entre todos os estimadores possíveis. Ou seja, não há como afirmar que o estimador encontrado é o mais preciso a se obter.

Naturalmente, há situações de pesquisa nas quais essa hipótese necessita ser violada, e precisamos aceitar a presença da autocorrelação entre os erros do modelo que estamos analisando. Além disso, também há casos em que existe a presença de autocorrelação em variáveis distribuídas no espaço. Porém, analisar tais casos foge do escopo desta obra; desse modo, devemos assumir, por hora, a hipótese de que não há autocorrelação entre os termos de erro de duas ou mais observações.

Assim, temos:

$$\operatorname{cov}(u_i, u_j | X_i, X_j) = 0 \qquad \text{Equação 4.12}$$

Caso X não seja uma variável estocástica, temos:

$$\operatorname{cov}(u_i, u_j) = 0 \qquad \text{Equação 4.13}$$

Na Equação 4.12, temos que a influência do termo de erro de x_i na variável x_j é igual a zero.

4.4.6 Hipótese 6

Os valores de X de uma amostra não podem ser idênticos – o que significa que sua variância deve ser um número positivo – e não devem ser extremos (*outliers*), sejam eles muito grandes, sejam eles muito pequenos.

Para medirmos o consumo de uma família em relação à sua renda, por exemplo, precisamos que haja alguma variação nesta última de forma que possamos avaliar os gastos em relação a ela. Dito de maneira mais simples, para usarmos um modelo de regressão linear, é preciso que as variáveis X e Y variem.

4.5 Intervalos de confiança para coeficientes de regressão

Após estimarmos os valores de $\hat{\beta}_2$ é necessário saber se eles estão suficientemente próximos dos valores de β_2 de forma que possam ser utilizados na pesquisa que está sendo desenvolvida – nesse caso, esperamos que sejam iguais ou, pelo menos, que sejam o mais semelhante possível. Infelizmente, essa igualdade dificilmente é obtida quando realizamos a estimativa baseada em apenas um ponto.

A forma de resolver esse problema é estimando um intervalo que nos permita afirmar que o verdadeiro valor do parâmetro tenha, por exemplo, 90% de chances de estar nesse espaço. Para isso, devemos encontrar δ e α, em que α, como observamos no Capítulo 2, é o intervalo de confiança, cujo valor está situado entre 0 e 1. Para encontrarmos o intervalo, utilizamos a Equação 4.14.

$$Pr(\hat{\beta}_2 - \delta \leq \hat{\beta}_2 \leq \hat{\beta}_2 - \delta) - 1 - \alpha \qquad \text{Equação 4.14}$$

Em que:

- $(1 - \alpha)$: coeficiente de confiança;
- α: nível de significância;
- $\hat{\beta}_2 - \delta$: limite inferior de confiança;
- $\hat{\beta}_2 + \delta$: limite superior de confiança.

Esse método possibilita encontrar o estimador de intervalo que contém, em seus limites, o correto valor de β_2. É importante ressaltar que, se os termos de erro u_i forem normalmente distribuídos, os estimadores $\hat{\beta}_1$ e $\hat{\beta}_2$ também terão distribuição normal, e o desvio padrão estimado $\hat{\sigma}_2$ terá distribuição qui-quadrado.

4.6 Testes de hipóteses sobre os coeficientes de regressão

No Capítulo 3, vimos que, para determinada hipótese aventada para a um evento econômico ser aceita, é necessário que sejam feitos alguns testes para verificarmos a compatibilidade das observações com a hipótese teórica levantada.

Também no Capítulo 3, verificamos que, para testar uma hipótese, utilizamos o método da contradição, também conhecido como *prova por absurdo*. Para isso, admitimos que a hipótese H_0 é a hipótese nula, e H_1 é a hipótese alternativa, que admitimos como a verdadeira, que deve ser mantida.

No caso das *hipóteses* **sobre os coeficientes de regressão linear**, temos as seguintes possibilidades:

Assumindo que β_2 das hipóteses H_0 e H_1 é um valor qualquer de β_2, assim, se quisermos testar a hipótese de $\beta_2 = 1$, teríamos as seguintes possibilidades:

$H_0 : \beta_2 = 1;$

$H_1 : \beta_2 \neq 1.$

Ou

$H_0 : \beta_2 = 1;$

$H_1 : \beta_2 < \theta_0.$

Ou

$H_0 : \beta_2 = 1;$

$H_1 : \beta_2 > 1.$

Retomando o que discutimos no Capítulo 3, a primeira das hipóteses apresentadas se refere à análise bicaudal, pois o sinal de desigual indica que a hipótese que buscamos pode estar na cauda inferior ou na cauda superior. As demais combinações de hipóteses são do tipo monocaudal.

Com relação aos testes de hipóteses, é possível cometer, basicamente, dois tipos de erros:

> 1. Erro tipo I – Ocorre quando a hipótese H_0 é **verdadeira**, porém é rejeitada.
> 2. Erro tipo II – ocorre quando a hipótese H_0 é **falsa**, porém é aceita pelo pesquisador.

De maneira geral, o erro do tipo I, por indicar a própria significância do teste que está sendo realizado, é mais grave do que o erro do tipo II; portanto devemos ser mais parcimoniosos em rejeitar, equivocadamente, a hipótese nula H_0 para, assim, evitar o erro do tipo I.

Dessa forma, temos que:

P(Erro tipo I) = α = significância do teste

Caso o intuito seja fazer um teste mais rigoroso, basta diminuir a significância à custa de aumentar a probabilidade de cometer um erro do tipo II. Uma maneira de fazer um teste mais rigoroso, diminuindo a significância, sem que o risco de cometer o erro do tipo II aumente a ponto de inviabilizar o teste, é aumentar o número de amostras.

Isso ocorre porque, ao aumentar a amostra, a variância dos estimadores torna-se menor, fazendo com que a probabilidade de erro diminua.

Mais adiante, no "Exercício resolvido 4.5", veremos que β_2 se encontra no seguinte intervalo:

$0{,}0623 \leq \beta_2 \leq 0{,}2942$

Nesse caso, arbitramos:

$H_0 : \beta_2 = 0{,}3$;
$H_1 : \beta_2 \neq 0{,}3$.

Assim, para a hipótese nula, temos $\beta_1 \neq 0{,}3$ e, para a hipótese alternativa, ou, nesse caso, bilateral, pois, para H_1, temos todos os valores maiores e menores que 0,1.

Como a hipótese $H_0 = 0{,}3$ não está contida no intervalo $0{,}0623 \leq \beta_2 \leq 0{,}2942$, a hipótese nula deve ser rejeitada, caso contrário, estaríamos cometendo erro tipo II.

4.6.1 Teste t

O **teste t** busca, por meio de um estimador, provar a hipótese nula H_0. Para isso, podemos utilizar as seguintes expressões:

$$t(\hat{\beta}_2) = \frac{\hat{\beta}_2 - \beta_2}{Ep(\hat{\beta}_2)} \qquad \text{Equação 4.15}$$

$$t(\hat{\beta}_2) = \frac{(\hat{\beta}_2 - \beta_2)\sqrt{\sum x_i^2}}{S_e} \qquad \text{Equação 4.16}$$

Uma vez encontrado o valor de $t(\hat{\beta}_2)$, devemos verificar se ele está na região de aceitação de t. Caso não esteja, deve ser rejeitado.

Na Equação 4.17, assumimos que $\beta_2^* = \beta_2$; dessa forma, podemos estabelecer um intervalo de confiança que nos indique se a hipótese nula H_0 deve ser aceita ou rejeitada.

$$Pr\left[\beta_2^* - t_{\frac{\alpha}{2}} ep(\hat{\beta}_2) \leq \hat{\beta}_2 \leq \beta_2^* + t_{\frac{\alpha}{2}} ep(\hat{\beta}_2)\right] = 1 - \alpha \qquad \text{Equação 4.17}$$

Em que β_2^* é o valor de β_2 pela hipótese nula H_0 e $\pm t_{\frac{\alpha}{2}} ep(\hat{\beta}_2)$ são os valores críticos de t obtidos pela tabela da distribuição *t-Student*, no Anexo 4.

Exemplo 4.1

No "Exercício resolvido 4.3", encontramos os seguintes estimadores:

- $\hat{\beta}_2 = 0{,}1783$;
- $\text{Ep}(\hat{\beta}_2) = 0{,}0659$.

Sabendo que, no experimento, foram utilizadas 16 amostras, com $(n-2)$ graus de liberdade e arbitrando um coeficiente de confiança de 90%, portanto com $\alpha = 10\%$, realizamos o teste t, assumindo a hipótese nula $H_0: \beta_2 = 0{,}3$ e a hipótese alternativa $H_1: \beta_2 \neq 0{,}3$.

Substituindo os valores na Equação 4.17

$$\Pr\left[\beta_2^* - t_{\frac{\alpha}{2}}\text{ep}(\hat{\beta}_2) \leq \hat{\beta}_2 \leq \beta_2^* + t_{\frac{\alpha}{2}}\text{ep}(\hat{\beta}_2)\right] = 1 - \alpha, \text{ temos:}$$

$$\Pr\left[0{,}3 - 1{,}76 \times 0{,}0659 \leq \hat{\beta}_2 \leq 0{,}3 + 1{,}76 \times 0{,}0659\right].$$

Assim:

$$\Pr(0{,}1840 \leq \hat{\beta}_2 \leq 0{,}4160).$$

Graficamente, observamos:

Gráfico 4.4 – Gráfico da distribuição t-Student: *região de aceitação*

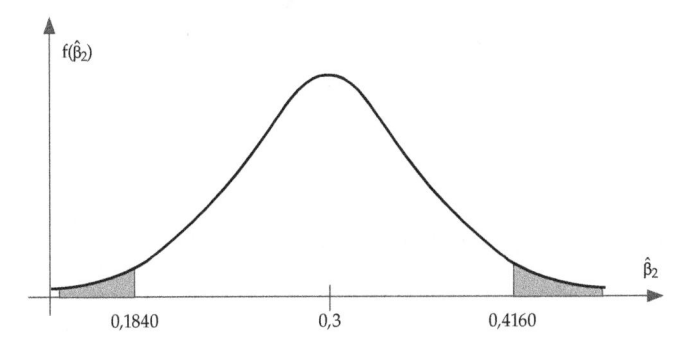

Assim, facilmente verificamos que o valor encontrado de $\hat{\beta}_2$ sob a hipótese nula H_0 está fora da região de aceitação.

Para testarmos a hipótese nula por meio dos valores críticos de t, aplicamos a Equação 4.15, na qual substituímos o valor de β_2 por β_2^*:

$$t(\hat{\beta}_2) = \frac{\hat{\beta}_2 - \beta_2^*}{Ep(\hat{\beta}_2)}.$$

Substituindo pelos valores numéricos, temos:

$$t(\hat{\beta}_2) = \frac{0{,}1783 - 0{,}3}{0{,}0659}.$$

Assim:

$$t(\hat{\beta}_2) = -1{,}8470.$$

Uma vez que os valores críticos de t são –1,76 e +1,76, podemos verificar que o valor encontrado de $t(\hat{\beta}_2)$ não aparece na região de aceitação. Graficamente, temos:

Gráfico 4.5 – Gráfico da distribuição t-Student: região de aceitação

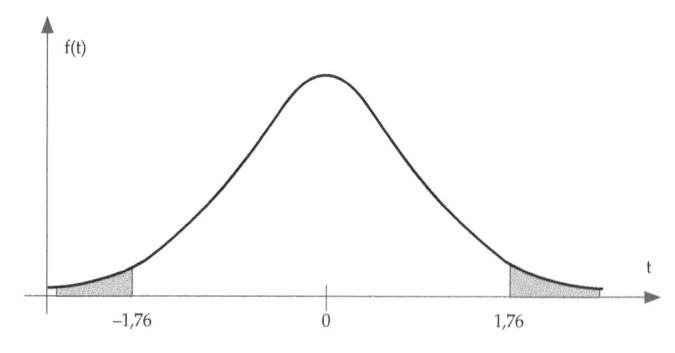

Portanto devemos rejeitar o estimador $\hat{\beta}_2$ sob a hipótese nula H_0.

Síntese

Ao longo deste capítulo, estudamos os principais conceitos e algumas aplicações práticas dos modelos de regressão linear simples. Para estimar o coeficiente angular $\hat{\beta}_2$ e o intercepto $\hat{\beta}_1$, utilizamos o método dos mínimos quadrados ordinários.

Também observamos as principais hipóteses e propriedades dos estimadores de MQO, que são a pedra angular da análise de regressão linear. Todavia, tão importante quanto calcular os estimadores, é estimar seus intervalos de confiança e testar as hipóteses a respeito dos coeficientes de regressão encontrados.

Exercício resolvido 4.1

A Tabela 4.1 mostra diversos carros usados, da mesma marca e modelo, mas com diferentes quilometragens.

Com base nos dados da tabela, vamos montar o diagrama de regressão, verificando, visualmente, se há correlação entre a quilometragem dos carros e o seu preço de revenda. Por fim, vamos indicar se a relação entre as variáveis é positiva ou negativa.

Tabela 4.1 – Quilometragem × preço de revenda

Variável X (x 1.000 km)	Variável Y (x R$ 100,00)
45	1.200
55	900
60	600
25	1.350
50	600
70	750
38	1.450

(continua)

(Tabela 4.1 – conclusão)

80	750
90	250
22	1.950
25	2.100
75	350
15	2.000
28	1.800

Na coluna da direita da Tabela 4.1, temos as quilometragens rodadas pelos carros usados, enquanto, na coluna da esquerda, os valores estão de revenda dos carros em centenas de reais. No Gráfico 4.6, aparece o diagrama de dispersão dos dados dessa tabela.

Gráfico 4.6 – Diagrama de dispersão da Tabela 4.1

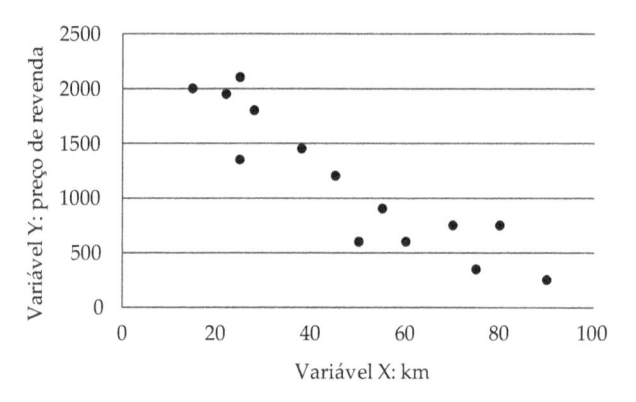

Observando a distribuição da nuvem de pontos no Gráfico 4.6, verificamos que a correlação existente entre as variáveis X e Y é negativa. Isso significa que, quanto maior for a quilometragem do carro, menor será o seu preço de revenda.

Exercício resolvido 4.2

Na Tabela 4.2, temos, em X, as receitas e, em Y, o endividamento de 40 empresas de determinado setor. Para cada valor de receita, foram selecionados, ao menos, cinco empresas com diferentes níveis de endividamento.

Vamos calcular o valor esperado E(Y|X) do endividamento para as 40 empresas e para cada uma das faixas de receita destacadas.

Tabela 4.2 – Receita × endividamento

X \ Y	20	40	60	80	100	120	140
	15	65	79	80	102	110	110
	20	70	84	93	107	115	115
	25	74	90	95	110	120	120
	10	80	94	103	116	130	130
	30	85	98	108	118	135	135
			88		113	125		140
					115			

Para encontrarmos o nível de endividamento, basta calcular a média condicional para cada faixa de renda, como é mostrado na Tabela 4.3.

Tabela 4.3 – Média condicional

X \ Y	20	40	60	80	100	120	140
	15	65	79	80	102	110	110
	20	70	84	93	107	115	115
	25	74	90	95	110	120	120

(continua)

(Tabela 4.3 – conclusão)

	10	80	94	103	116	130	130
	30	85	98	108	118	135	135
			88	113	125		140
				115			
	100	462	445	707	678	610	750
Média E(Y|X)	20	77	89	101	113	122	125

Para encontrarmos o nível de endividamento para toda a população (40 empresas), é preciso encontrar a média condicional de toda a população.

Assim, temos:

- Endividamento Total = R$3.752.

$$E(Y \mid X) = \frac{3752}{40} = 93,8.$$

Exercício resolvido 4.3

É sabido que, em uma empresa, quando aumentamos os investimentos em *marketing*, o volume de vendas e as receitas também aumentam. Na Tabela 4.4, estão os dados referentes aos investimentos em *marketing* e os respectivos incrementos da receita.

Com base nos dados da tabela, podemos estimar o impacto quantitativo dos investimentos em *marketing* no aumento de receita.

Tabela 4.4 – Investimento em marketing × incremento de receita

Investimento com marketing	Incremento de receita (em R$ 1.000,00)
6	15
8	17
9	18
11	19
13	21
14	25
16	22
18	23
20	30
21	32
22	40
24	20
25	43
27	36
28	45
30	50

O primeiro passo é organizar os dados brutos da Tabela 4.4 de forma a destacar as informações necessárias para aplicar o MQO com o objetivo de encontrar os estimadores $\hat{\beta}_1$ e $\hat{\beta}_2$.

Para isso, montamos a Tabela 4.5, na qual encontraremos x^2, y^2 e xy.

Segue a Tabela 4.5, com os valores da Tabela 4.4 reorganizados e os somatórios de x^2, y^2 e xy. Em nossa análise, o gasto com *marketing* será a variável independente X e o incremento de receita será a variável dependente Y.

Tabela 4.5 – Dados da Tabela 4.4 reorganizados e somatórios

X	Y	x	y	x_i^2	$x_i y_i$	X_i^2	y_i^2
6	15	–12,25	–13,5	150,0625	165,375	36	225
8	17	–10,25	–11,5	105,0625	117,875	64	289
9	18	–9,25	–10,5	85,5625	97,125	81	324
11	19	–7,25	–9,5	52,5625	68,875	121	361
13	21	–5,25	–7,5	27,5625	39,375	169	441
14	25	–4,25	–3,5	18,0625	14,875	196	625
16	22	–2,25	–6,5	5,0625	14,625	256	484
18	23	–0,25	–5,5	0,0625	1,375	324	529
20	30	1,75	1,5	3,0625	2,625	400	900
21	32	2,75	3,5	7,5625	9,625	441	1.024
22	40	3,75	11,5	14,0625	43,125	484	1.600
24	20	5,75	–8,5	33,0625	–48,875	576	400
25	43	6,75	14,5	45,5625	97,875	625	1.849
27	36	8,75	7,5	76,5625	65,625	729	1.296
28	45	9,75	16,5	95,0625	160,875	784	2.025
30	50	11,75	21,5	138,0625	252,625	900	2.500
Σ	292	456	0	0	857	1103	6186	14.872
Média	18,25	28,5						

Na Tabela 4.5, temos, da esquerda para a direita, na primeira coluna, os valores da variável independente X; na segunda coluna, temos os valores da variável dependente Y.

Na terceira e na quarta colunas, temos as variáveis centradas na reta x e y. Para encontrar o valor de x, basta subtrair o valor da variável X da média amostral $\bar{X}$, assim como, para encontrar o valor de y, subtraímos a variável Y da média amostral $\bar{Y}$ e temos:

$$x = X - \bar{X} \qquad \text{Equação 4.18}$$

$$y = Y - \bar{Y} \qquad \text{Equação 4.19}$$

Os valores da quinta coluna são obtidos elevando os valores da variável x ao quadrado; a sexta coluna é preenchida pelo resultado da multiplicação de x_i e y_i; e a sétima e a oitava colunas são preenchidas pelo resultado do quadrado das variáveis X e Y, respectivamente.

Com os dados obtidos na Tabela 4.5, podemos calcular os estimadores $\hat{\beta}_1$ e $\hat{\beta}_2$. Para isso, utilizaremos as expressões indicadas.

Para encontrarmos o estimador $\hat{\beta}_2$, utilizamos a Equação 4.20:

$$\hat{\beta}_2 = \frac{\sum x_i y_i}{\sum x_i^2} \qquad \text{Equação 4.20}$$

Assim, temos:

$$\hat{\beta}_2 = \frac{1103}{6186} = 0{,}1783$$

Para encontrarmos $\hat{\beta}_1$ aplicamos a Equação 4.21:

$$\hat{\beta}_1 = \bar{Y} - \hat{\beta}_2 \bar{X} \qquad \text{Equação 4.21}$$

Assim, temos

$$\hat{\beta}_1 = 28{,}5 - 0{,}1783 \times 18{,}25 = 25{,}2460.$$

Após encontrarmos os estimadores $\hat{\beta}_1$ e $\hat{\beta}_2$, é possível estimar a variável dependente $\hat{Y}$. Para isso, utilizamos a Equação 4.22:

$$\hat{Y}_i = \hat{\beta}_1 + \hat{\beta}_2 X_i + \hat{u}_i$$

Para estimarmos o termo de erro estocástico $\hat{u}_i$, temos:

$$\hat{u}_i = Y_i - \hat{Y}_i \quad \text{Equação 4.22}$$

Para preenchermos a coluna 3 da Tabela 4.6, elevamos o termo de erro estocástico $\hat{u}_i$ ao quadrado.

A primeira coluna é preenchida com os valores de $\hat{Y}_i$ que foram obtidos pelo seguinte modelo de regresso linear:

$$\hat{Y}_i = 25{,}2459 + 0{,}1783\hat{X}_i$$

Tabela 4.6 – Estimadores

$\hat{Y}_i$	$\hat{u}_i$	$\hat{u}_i^2$
26,31575	–11,3158	128,0463
26,67237	–9,67237	93,55465
26,85067	–8,85067	78,33437
27,20728	–8,20728	67,35949
27,56389	–6,56389	43,08471
27,7422	–2,7422	7,519662
28,09881	–6,09881	37,19551
28,45542	–5,45542	29,76165
28,81204	1,187965	1,41126
28,99034	3,009659	9,058047
29,16865	10,83135	117,3182
29,52526	–9,52526	90,73055
29,70356	13,29644	176,7952
30,06018	5,939824	35,28151
30,23848	14,76152	217,9024

(continua)

(Tabela 4.6 – conclusão)

	$\hat{Y}_i$	$\hat{u}_i$	$\hat{u}_i^2$
	30,59509	19,40491	376,5504
Σ	**456**	**0**	**1509,904**

O Gráfico 4.7 representa o quadro de dispersão dos valores da variável Y_i.

Gráfico 4.7 – Gráfico de dispersão

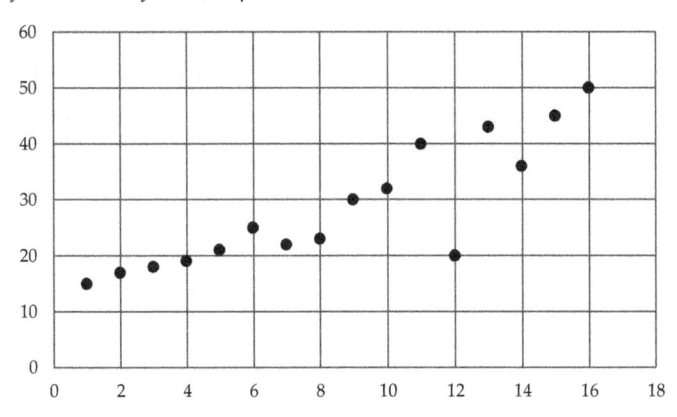

No Gráfico 4.8, temos a linha de regressão obtida com base nos valores de $\hat{Y}_i$:

Gráfico 4.8 – Linha de regressão

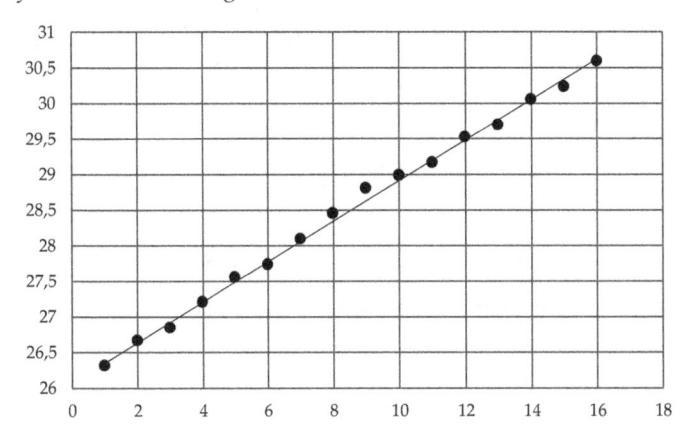

Para calcularmos a variância da regressão, utilizaremos o somatório dos valores de $\hat{u}_i^2$ que se encontra na terceira coluna da Tabela 4.6, pela Equação 4.23.

$$\hat{\sigma}^2 = \frac{\sum \hat{u}_i^2}{n-2} \qquad \text{Equação 4.23}$$

O termo n – 2, no denominador da equação, se refere ao número de graus de liberdade, (n), menos o número de restrições impostas pelo número de estimadores do modelo. Como no modelo dos mínimos quadrados ordinários simples há duas variáveis com dois parâmetros, $\hat{\beta}_1$ e $\hat{\beta}_2$, então, o grau de liberdade do modelo é dado por n – 2.

Com os dados da Tabela 4.6, temos:

$$\hat{\sigma}^2 = \frac{376{,}5504}{16-2}.$$

Assim:

$$\hat{\sigma}^2 = 26{,}90.$$

Para encontrarmos a variância de $\hat{\beta}_2$ e, posteriormente, o seu erro padrão Ep($\hat{\beta}_2$), que utilizaremos em exercícios posteriores, aplicamos a Equação 4.6: $\mathrm{Var}(\hat{\beta}_2) : \sigma_{\hat{\beta}_2}^2 = \dfrac{\sigma^2}{\sum x_i^2}$

Assim:

$$\mathrm{Var}(\hat{\beta}_2) : \sigma_{\hat{\beta}_2}^2 = \frac{26{,}90}{6186} = 0{,}004349.$$

Para encontrarmos o erro padrão de $\hat{\beta}_2$, temos:

$$e_p(\hat{\beta}_2) = \sqrt{\frac{\sigma^2}{\sum x_i^2}} \qquad \text{Equação 4.24}$$

Portanto, temos:

$Ep(\hat{\beta}_2) = \sqrt{0,004349} = 0,0659.$

Para encontrarmos a variância do estimador $\hat{\beta}_1$, utilizamos a Equação 4.3: $Var(\hat{\beta}_1): \sigma^2_{\hat{\beta}_1} = \dfrac{\sum x_i^2}{n \sum x_i^2}.$

Em que n é o número de amostras.

Assim:

$Var(\hat{\beta}_1) = \dfrac{6186}{16(857)} = 0,4511.$

Para encontrarmos o erro padrão de $\hat{\beta}_1$, aplicamos:

$ep(\hat{\beta}_1) = \sqrt{Var(\hat{\beta}_1)}$ Equação 4.25

Assim, temos:

$ep(\hat{\beta}_1) = 0,6717.$

Exercício resolvido 4.4

Na "Atividades aplicada: prática" do Capítulo 1, intencionalmente, deixamos de calcular os estimadores $\hat{\beta}_1$ e $\hat{\beta}_2$, pois, naquele momento, não tínhamos as ferramentas adequadas.

Como agora já as temos, chegou a hora de buscarmos os valores dos estimadores $\hat{\beta}_1$ e $\hat{\beta}_2$ daquela atividade. Segue a Tabela 4.7, com os dados referentes à atividade. Buscamos saber qual o impacto dos anos de estudos no valor da hora de trabalho.

Tabela 4.7 – Anos de estudo × salário médio por hora em reais

Anos de estudo	Salário médio por hora (em milhares de reais)
3	5,67
4	7,82
5	9,32
6	7,35
7	12,72
8	11,45
9	3,45
10	14,95
11	16,67
12	13,54
13	17,34
14	18,87
15	21,67
16	18,67
17	14,67
18	22,34

É possível que haja pessoas que tenham 3 anos de estudo recebendo valores diferentes de R$ 5,67, variável Y.

O primeiro passo para encontrar os valores dos estimadores $\hat{\beta}_1$ e $\hat{\beta}_2$ é organizar os dados da Tabela 4.7, dando destaque ao que será utilizado na resolução.

Tabela 4.8 – Dados da Tabela 4.7 reorganizados e respectivos somatórios

X	Y	x	y	x_i^2	$x_i y_i$	X_i^2	Y_i^2
3	5,67	–7,5	–7,86125	56,25	58,95938	9	32,1489
4	7,82	–6,5	–5,71125	42,25	37,12313	16	61,1524
5	9,32	–5,5	–4,21125	30,25	23,16188	25	86,8624
6	7,35	–4,5	–6,18125	20,25	27,81563	36	54,0225
7	12,72	–3,5	–0,81125	12,25	2,839375	49	161,7984
8	11,45	–2,5	–2,08125	6,25	5,203125	64	131,1025
9	3,45	–1,5	–10,0813	2,25	15,12188	81	11,9025
10	14,95	–0,5	1,41875	0,25	–0,70938	100	223,5025
11	16,67	0,5	3,13875	0,25	1,569375	121	277,8889
12	13,54	1,5	0,00875	2,25	0,013125	144	183,3316
13	17,34	2,5	3,80875	6,25	9,521875	169	300,6756
14	18,87	3,5	5,33875	12,25	18,68563	196	356,0769
15	21,67	4,5	8,13875	20,25	36,62438	225	469,5889
16	18,67	5,5	5,13875	30,25	28,26313	256	348,5689
17	14,67	6,5	1,13875	42,25	7,401875	289	215,2089
18	22,34	7,5	8,80875	56,25	66,06563	324	499,0756
Σ	168	216,5	0	0	340	337,66	2104	3412,9074
Média	10,5	13,53125						

Para encontrarmos o estimador $\hat{\beta}_2$ aplicando a Equação 4.20, temos:

$$\hat{\beta}_2 = \frac{\sum x_i y_i}{\sum x_i^2} = \frac{337,66}{340}$$

$$\hat{\beta}_2 = 0,9931.$$

Para encontrarmos o estimador $\hat{\beta}_1$ aplicando a Equação 4.21, temos:

$\hat{\beta}_1 = \overline{Y} - \hat{\beta}_2 \overline{X}$

Substituindo os valores, chegamos a:

$\hat{\beta}_1 = 13,531 - 0,993 \times 10,5$

Assim, temos:

$\hat{\beta}_1 = 3,1045$.

Substituindo os valores encontrados de $\hat{\beta}_1$ e $\hat{\beta}_2$ na Equação 4.2:

$\hat{Y}_i = \hat{\beta}_1 + \hat{\beta}_2 X_i + \hat{u}_i$

Chegamos, então, à regressão linear:

$Y_i = 3,103 + 0,993 X_i$

Exercício resolvido 4.5

No "Exercício resolvido 4.3", encontramos os seguintes estimadores:

- $\hat{\beta}_1 = 25,2460$;
- $\hat{\beta}_2 = 0,1783$.

Sabendo que, no experimento, foram utilizadas 16 amostras, e arbitrando um coeficiente de confiança de 90% – portanto com $\alpha = 10\%$ –, aplicamos a Equação 4.26 e temos:

$$\hat{\beta}_2 \pm t_{\frac{\alpha}{2}} ep(\hat{\beta}_2) = 1 - \alpha \qquad \text{Equação 4.26}$$

Em que $ep(\hat{\beta}_2)$ é o erro padrão de $\hat{\beta}_2$, e $t_{\frac{\alpha}{2}}$ é o nível de significância.

O nível de significância está dividido por 2 porque temos duas "caudas" para analisar.

Apesar de o estimador $\hat{\beta}_2$ ser normalmente distribuído, devemos utilizar a distribuição *t-Student* como artifício para contornarmos a ausência da variância.

Como temos 16 amostras, subtraindo os estimadores $\hat{\beta}_1$ e $\hat{\beta}_2$, temos 14 graus de liberdade, com $\alpha = 10\%$ na Tabela D (Anexo 4).

Aplicando a Equação 4.27, temos:

$$\beta_2 \leq \hat{\beta}_2 + t_{\frac{\alpha}{2}} ep(\hat{\beta}_2) \qquad \text{Equação 4.27}$$

em que:

$\hat{\beta}_2 \leq 0{,}1783 + 1{,}76 \times 0{,}0659$.

Portanto, $\hat{\beta}_2 \leq 0{,}2912$.

Para a cauda inferior, temos:

$$\hat{\beta}_2 - t_{\frac{\alpha}{2}} ep(\hat{\beta}_2) \leq \beta_2$$

Portanto, $0{,}1783 - 1{,}76 \times 0{,}0659 \leq \hat{\beta}_2$.

Assim:

$0{,}0623 \leq \beta_2$.

Sobrepondo os intervalos inferior e superior, temos o intervalo de confiança de 90% para β_2 como:

$0{,}0623 \leq \beta_2 \leq 0{,}2942$.

Portanto, podemos afirmar que, em 90 de cada 100 casos, o valor de β_2 estará contido no intervalo encontrado.

Para encontrarmos o intervalo de confiança de β_1, utilizamos a seguinte equação:

$$\hat{\beta}_1 \pm t_{\frac{\alpha}{2}} ep(\hat{\beta}_1) = 1 - \alpha \qquad \text{Equação 4.28}$$

Assim:

$$\beta_1 \leq \hat{\beta}_1 + t_{\frac{\alpha}{2}} ep(\hat{\beta}_1).$$

Substituindo os valores, temos:

$\beta_1 \leq 25{,}2459 + 1{,}76 \cdot 0{,}6717.$

Dessa maneira, chegamos ao intervalo superior:

$\beta_1 \leq 26{,}4280.$

Para o intervalo inferior, obtemos:

$$\hat{\beta}_1 - t_{\frac{\alpha}{2}} ep(\hat{\beta}_1) \leq \beta_1.$$

Assim:

$25{,}2459 - 1{,}76 \times 0{,}6717 \leq \beta_1.$

Dessa maneira:

$24{,}0637 \leq \beta_1.$

Sobrepondo os intervalos inferior e superior, temos o intervalo de confiança de 90% para β_1:

$24{,}0637 \leq \beta_1 \leq 26{,}4280.$

Atividades de autoavaliação

1. O que é modelo de regressão linear?
    a) É o método estatístico aplicado ao estudo de uma variável dependente em relação a uma variável explanatória, que tem como objetivo estimar os valores médios de uma população.
    b) É o método estatístico aplicado ao estudo de uma variável oculta em relação a uma variável plana, que tem como objetivo estimar os valores medianos de uma população.
    c) É o método estatístico aplicado ao estudo de uma constante divisível por 2 em relação a uma variável explanatória, que tem como objetivo estimar os valores médios de uma amostra.
    d) É o método estatístico aplicado ao estudo de uma amostra dependente em relação a uma variável explicativa, que tem como objetivo estimar os valores médios de uma variável independente.
    e) É o método estatístico aplicado ao estudo de uma amostra dependente em relação a uma variável explicativa, que tem como objetivo estimar os valores médios de uma constante.

2. O que é diagrama de dispersão?
    a) O diagrama de dispersão, também chamado de **diagrama de conversão**, é uma amostra cujos elementos são pontos dispostos em um gráfico de pizza, em que é possível representar os valores de duas variáveis simultaneamente. Cada fatia que forma um diagrama de dispersão representa um indivíduo que está sendo analisado.
    b) O diagrama de dispersão, também chamado de **diagrama de interrogação**, é um gráfico cujos pontos são dispostos em círculo, em que é possível representar os valores de duas variáveis simultaneamente. Cada ponto do círculo que forma o diagrama de dispersão representa um indivíduo que está sendo analisado.

c) O diagrama de dispersão, também chamado de **diagrama de correlação**, é um gráfico cujos pontos são dispostos em uma nuvem em um plano cartesiano XY, em que é possível representar os valores de duas variáveis simultaneamente. Cada ponto da nuvem que forma o diagrama de dispersão representa um indivíduo que está sendo analisado.

d) O diagrama de dispersão, também chamado de **diagrama de correlação**, é um gráfico cujos pontos são dispostos em um plano cartesiano XY em que é possível representar os valores de duas variáveis alternadamente. Cada ponto que forma um diagrama de dispersão representa um indivíduo que está sendo analisado.

e) O diagrama de dispersão, também chamado de **diagrama de correlação**, é um gráfico em um plano cartesiano XY em que é possível representar os valores de infinitas variáveis até formarem uma reta. Cada reta do diagrama de dispersão representa um indivíduo que está sendo analisado.

3. Assinale a alternativa que indica corretamente o significado de β_1.
   a) É o coeficiente depreciativo conhecido como **convexo**.
   b) É o coeficiente de correlação conhecido como **intervariável**.
   c) É o coeficiente de progressão conhecido como **deceptcon**.
   d) É o coeficiente de regressão conhecido como **intercepto**.
   e) É o coeficiente de progressão conhecido como **coeficiente angular**.

4. Assinale a alternativa que indica corretamente o significado de e β_2:
   a) É o coeficiente de regressão linear conhecido como **coeficiente retangular**.
   b) É o coeficiente de regressão linear conhecido como **coeficiente angular**.
   c) É o coeficiente de regressão circular conhecido como **coeficiente radiano**.

d) É o coeficiente de regressão linear conhecido como **coeficiente invertido**.
e) É o coeficiente de regressão linear conhecido como **coeficiente de erro estocástico**.

5. Assinale a alternativa que indica corretamente o significado de u_i:
   a) É uma variável aleatória não observável, também chamada de *termo de erro estocástico*.
   b) É uma variável aleatória não observável, também chamada de *termo de erro exclusivo*.
   c) É uma variável constante observável, também chamada de *termo de erro estocástico*.
   d) É uma variável aleatória não observável, também chamada de *termo de erro estocástico*.
   e) Éé uma variável aleatória facilmente observável, também chamada de *termo de erro conclusivo*.

Atividades de aprendizagem

Questões para reflexão

1. A tabela a seguir indica a quantidade de investimentos em logística em milhares de reais em X e o incremento de receita ocasionado pela diminuição das perdas em Y:

Tabela 4.9 – Investimento em logística × incremento de receita

X	Y
7	2,56
8	4,67
9	6,50
10	7,45
11	9,36

(continua)

(Tabela 4.9 – conclusão)

X	Y
12	15,90
13	18,20
14	21,60
15	12,32
16	11,97
17	23,62
18	25,70
19	26,82
20	28,90

Com base nos valores indicados na tabela, determine:

a) $\hat{\beta}_1$;
b) $\hat{\beta}_2$;
c) o modelo de regressão linear;
d) $\hat{\sigma}^2$;
e) $\hat{\sigma}$;
f) $Var(\hat{\beta}_2)$;
g) $Ep(\hat{\beta}_2)$;
h) $Var(\hat{\beta}_1)$;
i) $Ep(\hat{\beta}_1)$.

Atividade aplicada: prática

1. Com base nos dados encontrados na atividade anterior, monte o diagrama de dispersão e o gráfico com a linha de dispersão. Após a plotagem do diagrama e do gráfico, discuta com seus colegas se é conveniente investir ainda mais em logística. Justifique sua resposta utilizando a teoria econômica.

Regressão linear com múltiplos regressores

Neste capítulo, dando continuidade ao que abordamos no Capítulo 4, apresentaremos os principais conceitos relativos ao modelo de regressão múltipla, bem como a utilização do método dos quadrados ordinários aplicado a esse tipo de modelo.

Além disso, veremos as principais características das regressões binárias e suas implicações nas pesquisas do tipo qualitativas. Analisaremos as hipóteses dos mínimos quadrados ordinários no contexto da regressão múltipla e os conceitos de homocedasticidade e heterocedasticidade.

Por fim, mostraremos como testar as hipóteses referentes aos intervalos de confiança para um único coeficiente e suas implicações no modelo de regressão múltipla.

5.1 Modelo de regressão múltipla

No Capítulo 4, verificamos o modelo de regressão simples em que a variável Y dependia de apenas uma variável X. Neste capítulo, analisaremos os casos em que a variável Y depende de duas ou mais variáveis explanatórias.

Para isso, devemos expandir o modelo de regressão que vimos no Capítulo 4, acrescentando mais alguns estimadores $\hat{\beta}$ e algumas variáveis explanatórias. Assim, temos:

$$Y_i = \beta_1 + \beta_2 X_{2i} + \ldots + \beta_n X_{ni} + u_i \qquad \text{Equação 5.1}$$

Os conceitos das variáveis, dos estimadores e do termo de erro permanecem os mesmos, em que Y é a variável dependente, X_{ni} são variáveis explanatórias que buscam estimar os valores médios de uma população, β são os estimadores e u_i o termo de erro estocástico.

Assim como foi feito no modelo de regressão simples, para estimar o modelo de regressão múltipla, utilizaremos o método dos mínimos quadrados ordinários com a diferença de que, para realizar as análises, utilizaremos algumas técnicas de operações com matrizes.

5.2 Estimador de mínimos quadrados ordinários na regressão múltipla

Conforme mencionamos, assim como ocorre no modelo de regressão linear simples, é possível encontrar os estimadores de uma regressão múltipla utilizando o método dos mínimos quadrados ordinários (MQO).

A primeira etapa para obtermos os estimadores $\hat{\beta}_1$ intercepto e os estimadores angulares $\hat{\beta}_2$ a $\hat{\beta}_n$, é converter o modelo de regressão linear múltipla para sua notação matricial.

Pela Equação 5.1, temos:

- $Y_1 = \beta_1 + \beta_2 X_{21} + \ldots + \beta_k X_{n1} + u_1$;
- $Y_2 = \beta_1 + \beta_2 X_{22} + \ldots + \beta_k X_{n2} + u_2$;
- $Y_n = \beta_1 + \beta_2 X_{2n} + \ldots + \beta_k X_{ni} + u_n$.

Reescrevendo em sua forma matricial, obtemos:

$$\begin{bmatrix} Y_1 \\ Y_2 \\ \ldots \\ Y_n \end{bmatrix} = \begin{bmatrix} 1 & X_{21} & X_{31} & \ldots & X_{k1} \\ 1 & X_{22} & X_{32} & \ldots & X_{k2} \\ \ldots & \ldots & \ldots & \ldots & \ldots \\ 1 & X_{2n} & X_{21} & \ldots & X_{kn} \end{bmatrix} \cdot \begin{bmatrix} \beta_1 \\ \beta_2 \\ \ldots \\ \beta_k \end{bmatrix} + \begin{bmatrix} u_1 \\ u_2 \\ \ldots \\ u_n \end{bmatrix}$$

$$\quad Y \qquad\qquad (X'X) \qquad\qquad \beta \qquad\quad \hat{u}$$

Essa matriz pode ser reduzida à seguinte equação:

$Y = X\beta + e$ ⠀⠀⠀⠀⠀⠀⠀⠀⠀⠀⠀⠀⠀⠀⠀⠀⠀⠀⠀⠀Equação 5.2

Em que Y é o vetor da variável dependente, X é o vetor que tem as observações da variável independente, β é o vetor com os coeficientes que iremos estimar, e é o vetor dos termos de erro.

Para encontrarmos o estimador $\hat{\beta}$, utilizaremos a seguinte equação:

$$\hat{\beta} = (X'X)^{-1}(X'Y) \qquad \text{Equação 5.3}$$

Caso a matriz X'X seja inversível, temos:

$$X'X = \begin{bmatrix} 1 & 1 & \ldots & 1 \\ X_1 & X_2 & \ldots & X_n \end{bmatrix} \begin{bmatrix} 1 & X_1 \\ 1 & X_2 \\ \ldots & \ldots \\ 1 & X_n \end{bmatrix} = \begin{bmatrix} n & \sum X_i \\ \sum X_i & \sum X_i^2 \end{bmatrix}.$$

Para encontrarmos a matriz X'Y, utilizamos:

$$X'Y = \begin{bmatrix} 1 & 1 & \ldots & 1 \\ X_1 & X_2 & \ldots & X_n \end{bmatrix} \begin{bmatrix} Y_1 \\ Y_2 \\ \ldots \\ Y_n \end{bmatrix} = \begin{bmatrix} \sum Y_i \\ \sum X_i Y_i \end{bmatrix}.$$

Para encontrarmos os estimadores $\hat{\beta}$, aplicamos:

$$\hat{\beta} = \begin{bmatrix} \hat{\beta}_1 \\ \hat{\beta}_2 \end{bmatrix}.$$

5.3 Regressão binária

Regressão binária, também conhecida como *variáveis dummy*, é um método baseado em escolhas qualitativas cujo principal objetivo é calcular a probabilidade de que uma dada característica ou atributo qualitativo ocorra.

Caso queiramos saber se uma pós-graduação influencia o salário de um profissional, podemos montar um modelo em que a variável *pós-graduação* é dependente em relação às outras variáveis que podem influenciar o rendimento, como idade, experiência etc., e a variável *D* é o coeficiente que indica o quanto o profissional ganha a mais ou a menos quando tem pós-graduação.

O coeficiente *D* do exemplo acima pode ser arbitrado em R$ 1.000,00; isso significa que os profissionais com pós-graduação ganham R$ 1.000,00 em média a mais do que os profissionais que não cursaram uma pós-graduação.
Assim, temos:

$$D = \begin{cases} 0, \text{ com pós-graduação} \\ 1, \text{ sem pós-graduação} \end{cases}$$

Na Equação 5.4, vemos a expressão que representa de maneira genérica a o modelo de regressão binária:

$$Y = \beta_1 + \beta_2 X_2 + \beta_3 X_3 + \beta_4 D + u_i \qquad \text{Equação 5.4}$$

Em que u_i é o termo de erro que busca agregar todas as distorções presentes na variável *Y* que não podem ser explicadas de forma linear pelas variáveis *X*.

5.4 Definição de viés de omissão de variáveis

Ao omitirmos alguma variável que deveria estar presente em nosso modelo, estamos inserindo nele algum tipo de **viés**. Por exemplo, ao desenvolvermos um modelo que dê subsídios à escolha do melhor preço de venda de algum produto, se deixarmos de fora os preços praticados pelos concorrentes, podemos obter um resultado distante da realidade e, com isso, induzir o cliente que contratou a análise de preços a vender seu produto por um valor excessivamente alto, o que afugentaria os consumidores, ou excessivamente baixo, o que poderia fazer com que os custos da operação não fossem cobertos pelas vendas.

Erro de especificação se refere à omissão de variável relevante ou ao acréscimo de alguma variável irrelevante. Quando o erro de especificação se refere à ausência de alguma variável, temos que o modelo foi **subespecificado**; quando acrescentamos uma variável irrelevante ao nosso modelo, dizemos que ele foi **sobre-especificado.**

Suponhamos que a expressão abaixo represente o modelo correto para a análise de algum evento econômico:

$Y_i = \beta_i + \beta_2 X_{2i} + \beta_3 X_{3i} + u_i$.

Porém, por algum motivo, deixamos de incluir uma variável e, por conta disso, nosso modelo ficou da seguinte maneira:

$Y_i = \beta_i + \beta_2 X_{2i} + u_i$.

A ausência da variável X_{3i} fará com que o modelo se torne tendencioso e inconsistente, implicando que o aumento do número de amostras não faça com que o viés desapareça. Além disso, tanto a variância quanto o desvio padrão também serão afetados, influenciando, assim, os seus valores estimados.

Ademais, os intervalos de confiança e seus testes de hipóteses deixam de ser confiáveis, fazendo com que o pesquisador chegue a conclusões que não correspondem à realidade.

Outro problema causado pela subespecificação envolve a autocorrelação do termo de erro u_i, pois, ao adicionar a influência da variável omitida sobre o modelo, estamos, incluindo um conjunto de interferências sistemáticas sobre o termo de erro, e este, por definição representa o conjunto de influências não sistemáticas presentes no modelo.

5.5 Hipótese de mínimos quadrados na regressão múltipla

Tanto o modelo de regressão linear simples quanto o modelo de regressão múltipla têm, em sua base, o método dos mínimos quadrados ordinários (MQO), o que faz com que as hipóteses de ambos os modelos sejam bastante parecidas; por isso, iremos revê-las de maneira resumida.

5.5.1 Hipótese 1

O modelo de regressão linear é linear nos parâmetros sem, necessariamente, ser linear também nas variáveis. Conforme vimos anteriormente, o modelo de regressão linear múltipla pode ser, genericamente, escrito da seguinte maneira:

$$Y_i = \beta_i + \beta_2 X_{2i} + \beta_3 X_{3i} + u_i.$$

5.5.2 Hipótese 2

O valor médio do termo de erro u_i é igual a zero. Assim, temos a seguinte relação:

$$E(u_i \mid x_i) = 0.$$

Ou, dito de maneira mais simples:

$$E(u_i) = 0.$$

5.5.3 Hipótese 3

A covariância entre u_i e cada variável X é, necessariamente, igual a zero. Assim, a hipótese 3 é consequência direta da validade da hipótese 2. Dessa forma temos:

$$\operatorname{cov}(u_i, X_{2i}) = \operatorname{cov}(u_i, X_{3i}) = 0.$$

5.5.4 Hipótese 4

A variância ou homocedasticidade, assunto que será tratado nas próximas seções, de u_i é constante, sendo dada por:

$$\text{var}(u_i) = \sigma^2 \qquad \text{Equação 5.5*}$$

5.5.5 Hipótese 5

Não há autocorrelação entre os termos de erro de duas ou de mais observações; assim:

$$\text{cov}(u_i, u_j \mid X_i, X_j) = 0 \qquad \text{Equação 5.6**}$$

Caso X não seja uma variável estocástica, temos:

$$\text{cov}(u_i, u_j) = 0 \qquad \text{Equação 5.7***}$$

5.5.6 Hipótese 6

Os valores de X não podem ser negativos, não podem ter valores extremos ou muito grandes nem podem ser os mesmos.

5.5.7 Hipótese 7

Não há viés de especificação no modelo. Isso significa dizer que não há colinearidade ou multilinearidade, que ocorre quando existem mais de uma relação linear exata entre as variáveis, ou seja, não há relação linear exata entre as variáveis X_2 e X_3. Dito de maneira intuitiva, na ausência de colinearidade, as regressões presentes no modelo não podem ser expressas como uma combinação linear exata.

---

* Vista no Capítulo 4 como Equação 4.11.
** Vista no Capítulo 4 como Equação 4.12.
*** Vista no Capítulo 4 como Equação 4.13.

De maneira mais formal, podemos afirmar que, na ausência de colinearidade, não há um conjunto de números λ_2 e λ_3 de forma que ambos não sejam iguais a zero. Assim:

$$\lambda_2 X_{2i} + \lambda_3 X_{3i} = 0 \qquad \text{Equação 5.8}$$

Caso houvesse linearidade no modelo, poderíamos afirmar que X_2 e X_3 são colineares ou linearmente dependentes. Assim, a Equação 5.8 só é verdadeira se $\lambda_2 = \lambda_3 = 0$; então, podemos afirmar, nesse caso, que X_2 e X_3 são linearmente dependentes.

Caso as variáveis X_2 e X_3 sejam linearmente dependentes e sejam incluídas no mesmo modelo de regressão, haverá uma colinearidade entre os dois regressores.

Na prática, se estivermos analisando um modelo de regressão linear que avaliasse a influência independente que a taxa de juros e o preço dos insumos exercem sobre a renda dos agricultores, e as variáveis *juros* e *preços* se relacionarem de forma linearmente exata, teremos apenas uma variável independente, e não duas. Dessa forma, não haverá como avaliar qual influência a variável *juros* ou a variável *preços* exercem, separadamente, sobre a renda dos agricultores.

As hipóteses de 1 a 6 são válidas tanto para a regressão simples quanto para o modelo de regressão múltipla. A hipótese 7 se aplica, principalmente, ao modelo de regressão múltipla.

Para evitarmos que haja multicolinearidade em nosso modelo, é preciso que escolhamos variáveis que não sejam funções lineares exatas de alguma variável do modelo com o qual estamos trabalhando.

Esse cuidado é bastante importante, pois, nos eventos econômicos, é bastante comum que haja correlação entre algumas variáveis, porém é preciso que essa relação linear entre os regressores não seja exata.

Assim voltamos ao problema da escolha de dados que foi abordado no Capítulo 1.

5.6 Teste de hipótese aplicado ao modelo de regressão múltipla e aos intervalos de confiança para um único coeficiente

Muitos conceitos que se aplicam ao modelo de regressão simples podem também ser aplicados, diretamente, no modelo de regressão múltipla. Nesse sentido, nesta seção, iremos destacar alguns aspectos referentes ao teste de hipótese aplicado ao modelo de regressão múltipla.

Como vimos nos Capítulos 3 e 4, para realizarmos o teste de hipóteses, é preciso assumir que o modelo que estamos analisando tem distribuição normal, com média igual a zero e variância constante. Também admitimos que os estimadores $\hat{\beta}_1$, $\hat{\beta}_2$ e $\hat{\beta}_3$ têm distribuição normal, com suas médias iguais aos valores de $\hat{\beta}_1$, $\hat{\beta}_2$ e $\hat{\beta}_3$.

Para testarmos se uma hipótese é válida, utilizamos a prova por absurdo, em que H_0 é a hipótese nula e H_1 é a hipótese alternativa, que assumimos como verdadeira. Uma forma de testar a veracidade da hipótese H_0 é o **teste t**. Para realizarmos o teste t, utilizamos as seguintes expressões.

- $t(\hat{\beta}_1) = \dfrac{\hat{\beta}_1 - \beta_1^*}{Ep(\hat{\beta}_1)}$

- $t(\hat{\beta}_2) = \dfrac{\hat{\beta}_2 - \beta_2^*}{Ep(\hat{\beta}_2)}$ Equação 5.9

- $t(\hat{\beta}_3) = \dfrac{\hat{\beta}_3 - \beta_3^*}{Ep(\hat{\beta}_3)}$

Após encontrarmos os valores *t* para cada um dos estimadores da regressão, devemos verificar se esses valores se encontram na região de aceitação. Caso alguns deles esteja fora da região de aceitação, deve ser rejeitado.

Relembrando o que discutimos no Capítulo 4: $\beta^* = \beta$, ou seja, β^* será a hipótese nula que iremos testar.

5.7 Escolha de modelos utilizando o teste F

Existem vários testes para selecionar qual o melhor modelo a ser utilizado quando retiramos ou acrescentamos alguma variável. O mais utilizado para esse fim é o **teste F**, que é a comparação da soma dos quadrados dos resíduos dos dois modelos que estamos comparando.

Nesse teste, há o modelo irrestrito, que possui o maior número de variáveis, e o modelo restrito, com menos variáveis. Dessa maneira, temos a seguinte expressão:

$$F = \frac{\dfrac{\sum \hat{u}_R^2 - \sum \hat{u}_{SR}^2}{m}}{\dfrac{\sum \hat{u}_{SR}^2}{(n-k)}} \qquad \text{Equação 5.10}$$

Em que:

- $\sum \hat{u}_R^2$: soma do quadrado dos resíduos do modelo restrito;
- $\sum \hat{u}_{SR}^2$: soma do quadrado dos resíduos do modelo sem restrição;
- *m*: número de variáveis a mais no modelo sem restrições;
- *n − k*: número de graus de liberdade para o modelo sem restrição.

5.8 Intervalos de confiança para coeficientes múltiplos

Assim como foi feito para o modelo de regressão simples, após estimarmos os valores de $\hat{\beta}$, é preciso testar se eles estão suficientemente próximos dos valores verdadeiros dos estimadores encontrados, pois, como já verificamos, sempre que estimamos os valores de algum $\hat{\beta}$ pretendemos que eles sejam idênticos aos de β.

Além dos testes t e F, é prudente verificar se a hipótese nula $H_0 : \beta = 0$ se encontra no intervalo de confiança para que, assim, tenhamos subsídios suficientes para aceitar ou rejeitar com segurança essa hipótese.

Para estimarmos um intervalo que tenha grandes chances de conter o valor verdadeiro de β_2 e assim termos mais argumentos para aceitar ou rejeitar a hipótese nula, utilizamos a seguinte expressão:

$$\hat{\beta}_2 - t_{\frac{\alpha}{2}} ep(\hat{\beta}_2) \leq \beta_2 \leq \hat{\beta}_2 + t_{\frac{\alpha}{2}} ep(\hat{\beta}_2) \qquad \text{Equação 5.11}$$

Em que:

- $1 - \alpha$: coeficiente de confiança;
- $t_{\frac{\alpha}{2}}$: nível de significância.

5.9 Homocedasticidade e heterocedasticidade

Conforme abordamos rapidamente no Capítulo 4, quando apresentamos as hipóteses do modelo de regressão linear clássico, a homocedasticidade é uma das premissas básicas do modelo de regressão linear, que ocorre quando a variância é constante para um determinado conjunto de observações distintas, ou seja, a variância será sempre a mesma para qualquer valor que a variável X assuma. Assim, temos:

var $(u_i) = \sigma^2$, em que σ^2 é uma constante.

Quando há ausência de homocedasticidade em nosso modelo, dizemos que temos um caso de heterocedasticidade, ou seja, as variâncias do termo de erro são desiguais. Simbolicamente, temos:

var $(u_i) = \sigma_i^2$.

Nos casos em que há a presença de heterocedasticidade, o termo σ_i^2 varia para cada amostra, sendo que o *I* subscrito indica que a variância da população Y não é constante.

A heterocedasticidade pode ser causada pela característica das variáveis que, por sua própria natureza, não têm variância constante. Valores amostrais extremamente grandes ou extremamente pequenos, bem como problemas na especificação dos modelos, também podem causar heterocedasticidade e prejudicar o modelo.

A heterocedasticidade nos erros faz com que os modelos continuem consistentes e não viesados, porém eles perdem sua eficiência, fazendo com que não haja mais variância mínima. Portanto, sempre haverá algum estimador que tenha variância menor do que a do estimador $\hat{\beta}$ encontrado. Assim:

$\text{Var}(\hat{\beta}^*) < \text{Var}(\hat{\beta})$.

A presença de heterocedasticidade na regressão faz com que os testes *t* e F percam sua validade até mesmo para amostras com muitos elementos.

Síntese

Neste capítulo, analisamos o modelo de regressão simples, em que trabalhamos com duas variáveis. Esse modelo, apesar de ser bastante útil, não é o mais adequado, pois, na maioria das vezes, os problemas que pretendemos resolver têm mais variáveis.

Também observamos as propriedades do modelo de regressão múltipla, cuja principal característica é ter três ou mais variáveis, bem como alguns testes de consistência utilizados para verificar se os modelos encontrados atendem às características necessárias às nossas análises.

Além disso, vimos como utilizar as variáveis binárias (*variáveis dummy*), que permitem analisar atributos qualitativos presentes nas amostragens. Para finalizar, abordamos os conceitos de heterocedasticidade e homocedasticidade e os problemas ocasionados pela presença desta no modelo.

Exercício resolvido 5.1

Estime a regressão de Y com base nos dados da Tabela 5.1.

Tabela 5.1 – Regressão linear múltipla com duas variáveis explanatórias

Y	X_2	X_3
650	1	0,1
800	3	0,2
1.150	7	0,3
1.203	9	0,4
1.450	10	0,6
1.536	11	0,7

(continua)

(Tabela 5.1 – conclusão)

Y	X_2	X_3
1760	12	0,8
1780	9	0,5
1870	8	0,6
1563	7	0,3
1235	4	0,2
1075	2	0,1

Utilizando o modelo de regressão múltipla apresentado na Equação 5.1, temos:

$$Y_i = \beta_1 + \beta_2 X_{2i} + \ldots + \beta_n X_{ni} + u_i$$

Com do dados e da Tabela 5.1, obtemos a seguinte matriz:

$$X = \begin{bmatrix} 1 & 1 & 0,1 \\ 1 & 3 & 0,2 \\ 1 & 7 & 0,3 \\ 1 & 9 & 0,4 \\ 1 & 10 & 0,6 \\ 1 & 11 & 0,7 \\ 1 & 12 & 0,8 \\ 1 & 9 & 0,5 \\ 1 & 8 & 0,6 \\ 1 & 7 & 0,3 \\ 1 & 4 & 0,2 \\ 1 & 2 & 0,1 \end{bmatrix}$$

Transpondo a matriz X, temos:

$$X' = \begin{bmatrix} 1 & 1 & 1 & 1 & 1 & 1 & 1 & 1 & 1 & 1 & 1 & 1 \\ 1 & 3 & 7 & 9 & 10 & 11 & 12 & 9 & 8 & 7 & 4 & 2 \\ 0,1 & 0,2 & 0,3 & 0,4 & 0,6 & 0,7 & 0,8 & 0,5 & 0,6 & 0,3 & 0,2 & 0,1 \end{bmatrix}$$

Organizando a Tabela 5.1 de forma a encontrar os dados que serão utilizados em nosso modelo de forma mais rápida, chegamos a:

Tabela 5.2 – Dados da reorganizados e somatórios

	Y	β_1	X_2	X_3	X_2^2	X_3^2	$X_2 \cdot X_3$	$X_2 \cdot Y$	$X_3 \cdot Y$
	650	1	1	0,1	1	0,01	0,1	650	65
	800	1	3	0,2	9	0,04	0,6	2400	160
	1.150	1	7	0,3	49	0,09	2,1	8.050	345
	1.203	1	9	0,4	81	0,16	3,6	10.827	481,2
	1.450	1	10	0,6	100	0,36	6	14.500	870
	1.536	1	11	0,7	121	0,49	7,7	16.896	1.075,2
	1.760	1	12	0,8	144	0,64	9,6	21.120	1.408
	1.780	1	9	0,5	81	0,25	4,5	16.020	890
	1.870	1	8	0,6	64	0,36	4,8	14.960	1.122
	1.563	1	7	0,3	49	0,09	2,1	10.941	468,9
	1.235	1	4	0,2	16	0,04	0,8	4.940	247
	1.075	1	2	0,1	4	0,01	0,2	2.150	107,5
$\sum$	16.072	12	83	4,8	719	2,54	42,1	123.454	7.239,8

Para encontrarmos o estimador $\hat{\beta}$, utilizamos a Equação 5.3:

$\hat{\beta} = (X'X)^{-1}(X'Y)$.

Para encontrarmos a matriz $(X'X)^{-1}$, devemos montar e inverter a matriz $(X'X)$. Apesar de o intercepto β_1 não ser uma variável, iremos tratá-lo como se fosse, de forma a construir uma matriz 3×3, como se houvesse três variáveis:

$$X'X = \begin{bmatrix} 1 & 1 & 1 & 1 & 1 & 1 & 1 & 1 & 1 & 1 & 1 & 1 \\ 1 & 3 & 7 & 9 & 10 & 11 & 12 & 9 & 8 & 7 & 4 & 2 \\ 0,1 & 0,2 & 0,3 & 0,4 & 0,6 & 0,7 & 0,8 & 0,5 & 0,6 & 0,3 & 0,2 & 0,1 \end{bmatrix} \begin{bmatrix} 1 & 1 & 0,1 \\ 1 & 3 & 0,2 \\ 1 & 7 & 0,3 \\ 1 & 9 & 0,4 \\ 1 & 10 & 0,6 \\ 1 & 11 & 0,7 \\ 1 & 12 & 0,8 \\ 1 & 9 & 0,5 \\ 1 & 8 & 0,6 \\ 1 & 7 & 0,3 \\ 1 & 4 & 0,2 \\ 1 & 2 & 0,1 \end{bmatrix}$$

Aplicando álgebra matricial, chegamos à seguinte matriz:

$$X'X = \begin{bmatrix} n & \sum X_{2i} & \sum X_{3i} \\ \sum X_{2i} & \sum X_{2i}^2 & \sum X_{2i} X_{3i} \\ \sum X_{3i} & \sum X_{3i} X_{2i} & \sum X_{3i}^2 \end{bmatrix}$$

Substituindo pelos valores da Tabela 5.2, encontramos a seguinte matriz:

$$X'X = \begin{bmatrix} 12 & 83 & 4,8 \\ 83 & 719 & 42,1 \\ 4,8 & 42,1 & 2,5 \end{bmatrix}$$

O próximo passo é inverter a matriz $X'X$ encontrada, elevando-a a -1. É importante ressaltar a necessidade de que a matriz $X'X$ seja invertível, caso contrário, nosso exercício terminaria por aqui.

Assim, encontramos a seguinte matriz:

$$(X'X)^{-1} = \begin{bmatrix} 0,42 & -0,07 & 0,34 \\ -0,07 & 0,06 & -0,84 \\ 0,34 & -0,84 & 13,62 \end{bmatrix}$$

Para encontramos a matriz $X'Y$, desenvolveremos a seguinte multiplicação:

$$X'Y = \begin{bmatrix} 1 & 1 & 1 & 1 & 1 & 1 & 1 & 1 & 1 & 1 & 1 & 1 \\ 1 & 3 & 7 & 9 & 10 & 11 & 12 & 9 & 8 & 7 & 4 & 2 \\ 0,1 & 0,2 & 0,3 & 0,4 & 0,6 & 0,7 & 0,8 & 0,5 & 0,6 & 0,3 & 0,2 & 0,1 \end{bmatrix} \begin{bmatrix} 650 \\ 800 \\ 1150 \\ 1203 \\ 1450 \\ 1536 \\ 1760 \\ 1780 \\ 1870 \\ 1563 \\ 1235 \\ 1075 \end{bmatrix}$$

Após algumas operações algébricas, chegamos à seguinte matriz:

$$X'Y = \begin{bmatrix} \sum Y_i \\ \sum X_{2i} Y_i \\ \sum X_{3i} Y_i \end{bmatrix}$$

Substituindo pelos valores encontrados na Tabela 5.2, temos:

$$X'Y = \begin{bmatrix} 16072 \\ 123454 \\ 7239,8 \end{bmatrix}$$

Para encontrarmos os estimadores, substituímos as matrizes encontradas na Equação 5.3. Assim:

$$\hat{\beta} = \begin{bmatrix} 0,42 & -0,07 & 0,34 \\ -0,07 & 0,06 & -0,84 \\ 0,34 & -0,84 & 13,62 \end{bmatrix} \begin{bmatrix} 16072 \\ 123454 \\ 7239,8 \end{bmatrix}$$

Portanto:

$$\hat{\beta} = \begin{bmatrix} 771,77 \\ 37,74 \\ 766,32 \end{bmatrix}$$

Substituindo os estimadores encontrados no modelo de regressão múltipla, temos:

$\hat{Y}_i = 771,77 + 37,74 X_2 + 766,32 X_3$.

Substituindo os valores das variáveis X_2 e X_3 no modelo encontrado, chegamos a:

Tabela 5.3 – *Estimadores encontrados*

$\hat{Y}$	$\hat{u}$	$\hat{u}^2$
886,1451	–236,155	55.764,5
1.038,256	–238,256	56.765,99
1.265,846	–115,846	13.420,4
1.417,958	–214,958	46.206,75
1.608,961	–158,961	25.268,55

(continua)

(Tabela 5.3 – conclusão)

$\hat{Y}$	$\hat{u}$	$\hat{u}^2$
1.723,332	–187,332	35.093,39
1.837,704	–77,704	6.037,872
1.494,589	285,411	81.459,22
1.533,482	336,518	113.244,6
1.265,846	297,154	88.300,22
1.075,996	159,004	25.282,35
923,8847	151,115	22.835,84
Σ **16.072**	0	**569.679,7**

Também é possível encontrar a soma dos quadrados dos erros residuais pela seguinte multiplicação de matrizes:

$$\hat{u}^2 = \hat{u}'\hat{u} \qquad \text{Equação 5.12}$$

Para encontrarmos a variância, utilizamos a seguinte expressão:

$$\text{var}\left(\hat{\beta}\right) = \sigma^2(X'X)^{-1} \qquad \text{Equação 5.13}$$

Em que temos:

$$\hat{\sigma}^2 = \frac{\hat{u}^2}{\text{g.l.}} \qquad \text{Equação 5.14}$$

Como, para este exercício, temos três variáveis (β_1, β_2 e β_3) para calcular os graus de liberdade, usamos:

g.l. = (n – 3)

Como sabemos que n = 12, encontramos g.l. = 9. Substituindo-o na Equação 5.11, temos:

$$\hat{\sigma}^2 = \frac{569.679,7}{9} = 63.297,8$$

Para encontrarmos as variâncias dos parâmetros, temos:

$$\text{Var}(\hat{\beta}) = \hat{\sigma}^2(X'X)^{-1} \qquad \text{Equação 5.15}$$

Para este exercício, em que $S^2 = \hat{\sigma}^2$, obtemos:

$$\text{Var}(\hat{\beta}) = 63.297,8 \begin{bmatrix} 0,42 & -0,07 & 0,34 \\ -0,07 & 0,06 & -0,84 \\ 0,34 & -0,84 & 13,62 \end{bmatrix}$$

Fazendo a multiplicação, chegamos a:

$$\text{Var}(\hat{\beta}) = \begin{bmatrix} 26700,5 & -4333,6 & 21370,3 \\ -4333,6 & 3689,0 & -52954,7 \\ 21370,3 & -52954,7 & 862249,6 \end{bmatrix}$$

Na diagonal principal, estão as variâncias dos parâmetros. Assim:

- $\text{Var}(\hat{\beta}_1) = 26700,5$;
- $\text{Var}(\hat{\beta}_2) = 3689,0$;
- $\text{Var}(\hat{\beta}_3) = 862249,6$.

Com base na variância, podemos facilmente encontrar o erro padrão:

- $\text{ep}(\hat{\beta}_1) = 163,4$;
- $\text{ep}(\hat{\beta}_2) = 60,7$;
- $\text{ep}(\hat{\beta}_3) = 928,6$.

Exercício resolvido 5.2

Na Tabela 5.4, estão os dados da Tabela 5.1 acrescidos de uma coluna que indica a presença ou a ausência de determinado atributo que pretendemos analisar. Assim, temos:

Tabela 5.4 – Dados da Tabela 5.1 com uma variável qualitativa

Y	X_2	X_3	D
650	1	0,1	Sim
800	3	0,2	Sim
1.150	7	0,3	Sim
1.203	9	0,4	Sim
1.450	10	0,6	Sim
1.536	11	0,7	Sim
1.760	12	0,8	Não
1.780	9	0,5	Não
1.870	8	0,6	Não
1.563	7	0,3	Não
1.235	4	0,2	Não
1.075	2	0,1	Não

Atribuindo valores numéricos para as variáveis D, temos:

$$D = \begin{cases} 0, \text{ com pós-graduação} \\ 1, \text{ sem pós-graduação} \end{cases}$$

Substituindo os dados da coluna D da Tabela 5.4 por valores binários, obtemos:

Tabela 5.5 – Dados da Tabela 5.1 com uma variável dummy

	Y	X_2	X_3	D	$\hat{u}$	$\hat{u}^2$
	650	1	0,1	1	–24,37	593,71
	800	3	0,2	1	–32,23	1.038,67
	1.150	7	0,3	1	41,62	1.732,16
	1.203	9	0,4	1	–63,24	3.999,69
	1.450	10	0,6'	1	45,47	2.067,31
	1.536	11	0,7	1	32,75	1.072,60
	1.760	12	0,8	0	–234,59	55.030,15
	1.780	9	0,5	0	81,57	6.653,08
	1.870	8	0,6	0	191,14	36.534,30
	1.563	7	0,3	0	62,00	3.844,09
	1.235	4	0,2	0	–48,99	2.400,21
	1.075	2	0,1	0	–51,13	2.614,24
Σ					0,00	117.580,19

Utilizando o modelo de regressão binária da Equação 5.4, temos:

$Y = \beta_1 + \beta_2 X_2 + \beta_3 X_3 + \beta_4 D + u$

Utilizando os algebrismos matriciais apresentados na Seção 5.3, chegamos aos valores destacados da Tabela 5.5 e aos valores de $\beta_1, \beta_2, \beta_3$ e β_4 que substituímos na expressão abaixo:

$\hat{Y}_i = 968,27 + 59,15 X_2 - 395,72 X_3 - 392,62 D$.

O resultado encontrado indica que a presença do atributo impacta a média de Y em –392,62.

Exercício resolvido 5.3

No "Exercício resolvido 5.1", encontramos o seguinte estimador e o seguinte erro padrão:

- $\hat{\beta}_2 = 37,74$;
- $Ep(\hat{\beta}_2) = 60,7$.

Sabendo que no experimento foram utilizadas 12 amostras, arbitrando um coeficiente de confiança de 90% – portanto, com $\alpha = 10\%$ – e assumindo que hipótese nula $H_0 : \beta_2 = 0$ e a hipótese alternativa $H_1 : \beta_2 \neq 0$, realizamos o teste t para H_0. Para isso, utilizamos a Equação 5.9 e comparamos o resultado com o valor tabelado de t para $\alpha = 10\%$, com $g \cdot l = 9$. Assim, temos na Equação 5.9:

$$t(\hat{\beta}_2) = \frac{\hat{\beta}_2 - \beta_2^*}{Ep(\hat{\beta}_2)}.$$

Substituindo os valores, chegamos a:

$$t(\hat{\beta}_2) = \frac{37,74 - 0}{60,7} = 0,62$$

O valor tabelado para 10% de significância com 9 graus de liberdade é 1,83. Como o valor de *t* está no intervalo entre –1,83 e +1,83, dizemos que $\hat{\beta}_2$ é *significativo em 10%*.

Exercício resolvido 5.4

Utilize o teste F nos resultados dos "Exercícios resolvidos 5.1 e 5.2", em que encontramos os seguintes valores:

- $\sum \hat{u}_R^2 = 569.679,7$;
- $\sum \hat{u}_{SR}^2 = 117.580,19$;
- $m = 1$;
- $n - k = 8$.

Substituindo os valores indicados na Equação 5.10, temos:

$$F = \frac{\frac{\sum \hat{u}_R^2 - \sum \hat{u}_{SR}^2}{m}}{\frac{\sum \hat{u}_{SR}^2}{(n-k)}} = \frac{\frac{569.679,7 - 117.580,19}{1}}{\frac{117.580,19}{8}} = 30,8$$

Como temos 8 graus de liberdade no denominador e 1 um grau de liberdade no numerador com 10% de significância, encontramos o valor tabelado 10,64. Como o resultado encontrado de F = 30,8 é superior a 10,64, a hipótese nula deve ser rejeitada.

Exercício resolvido 5.5

Verifique se o valor do estimador $\hat{\beta}_2$ encontrado no Exercício Resolvido 5.1 se encontra no intervalo de confiança, arbitrando um coeficiente de confiança de 90%.

Consideramos que, no "Exercício resolvido 5.1", $\hat{\beta}_2 = 37,74$, foram utilizadas 12 amostras no experimento – portanto, temos 9 graus de liberdade – e o erro padrão ep$(\hat{\beta}_2) = 60,7$.

Nesse caso, utilizamos a Equação 5.11:

$$\hat{\beta}_2 - t_{\frac{\alpha}{2}} ep(\hat{\beta}_2) \leq \beta_2 \leq \hat{\beta}_2 + t_{\frac{\alpha}{2}} ep(\hat{\beta}_2).$$

Substituindo, os valores na equação, obtemos:

$\hat{\beta}_2 = 37,74$

$t_{\frac{\alpha}{2}} = 1,8331$

$ep(\hat{\beta}_2) = 60,7$

Portanto:

$37,74 - 1,8331 \cdot 60,7 \leq \beta_2\ 37,74 + 1,8331 \cdot 60,7$

Desenvolvendo a expressão, encontramos:

$-73,53 \leq \beta_2 \leq 149$.

Como o valor do estimador $\hat{\beta}_2 = 37{,}74$, não podemos afirmar que, em 90 de cada 100 casos, o valor de β_2 estará contido no intervalo encontrado.

Atividades de autoavaliação

1. Assinale a questão que apresenta a principal característica que diferencia os modelos de regressão simples dos modelos de regressão múltipla:
   a) No modelo de regressão simples, a variável Y depende de quatro variáveis explanatórias X e, no modelo de regressão múltipla, a variável Y depende de uma variável explanatória.
   b) No modelo de regressão simples, a variável Y não depende de nenhuma variável explanatória X e, no modelo de regressão múltipla, a variável Y depende de apenas uma variável explanatória.
   c) No modelo de regressão simples, a variável F depende de apenas uma constante explanatória X e, no modelo de regressão múltipla, a variável Y não depende de nenhuma variável explanatória.
   d) No modelo de regressão simples, a variável Y depende de apenas uma variável explanatória X e, no modelo de regressão múltipla, a variável Y não depende de nenhuma variável aleatória.
   e) No modelo de regressão simples, a variável Y depende de apenas uma variável explanatória X e, no modelo de regressão múltipla, a variável Y depende de duas ou mais variáveis explanatórias.

2. Assinale a alternativa que indica corretamente o conceito de regressão binária:
   a) Também conhecida como *variável dummy*, é um método baseado em escolhas qualitativas, cujo principal objetivo é calcular a probabilidade de uma característica ou de um atributo qualitativo.
   b) Também conhecida como *variável explanatória*, é um método baseado em escolhas qualitativas, cujo principal objetivo é calcular a probabilidade de uma variável aleatória ou de um atributo qualitativo.
   c) Também conhecida como *variável dummy*, é um método baseado em escolhas quantitativas, cujo principal objetivo é calcular a probabilidade de uma característica ou de um atributo quantitativo.
   d) Também conhecida como *variável exógena*, é um método baseado em escolhas coletivas, cujo principal objetivo é calcular a probabilidade de uma característica ou de um atributo coletivo.
   e) Também conhecida como *variável exógena*, é um método baseado em escolhas transitivas, cujo principal objetivo é conferir os cálculos da probabilidade de uma característica ou de um atributo coletivo.

3. A que se referem os chamados *erros de especificação*?
   a) Referem-se à omissão de alguma variável irrelevante ou ao acréscimo de alguma variável especificada.
   b) Referem-se à omissão de alguma variável relevante ou ao acréscimo de alguma variável irrelevante.
   c) Referem-se à omissão de uma constante relevante ou ao acréscimo de alguma variável coletiva.
   d) Referem-se à omissão de alguma variável coletiva ou ao acréscimo de alguma variável inerente.
   e) Referem-se à variação de alguma variável relativa ou ao acréscimo de alguma variável já vista anteriormente.

4. Assinale a alternativa que indica corretamente o conceito de homocedasticidade:
   a) Homocedasticidade é uma das premissas básicas do modelo de regressão linear, que ocorre quando a mediana é constante para determinado conjunto de observações distintas, ou seja, a variância será sempre diferente para qualquer valor que a variável X assuma.
   b) Homocedasticidade é uma das premissas básicas do modelo de regressão linear, que ocorre quando a variância é constante para determinado conjunto de observações distintas, ou seja, a variância será sempre a mesma para qualquer valor que a variável X assuma.
   c) Homocedasticidade é uma das premissas básicas do modelo de regressão linear, que ocorre quando a impedância é constante para determinado conjunto de observações distintas, ou seja, a capacitância será sempre a mesma para qualquer valor que R assuma.
   d) Homocedasticidade é uma das premissas básicas do modelo de regressão linear, que ocorre quando a mediana é constante para determinado conjunto de observações distintas, ou seja, a média aritmética será sempre a mesma para qualquer valor que a variável X assuma.
   e) Homocedasticidade é uma das premissas básicas do modelo de regressão linear, que ocorre quando a mediana é intercalada em algum determinado conjunto de variáveis aleatórias, ou seja, a média aritmética será sempre a mesma para qualquer valor que a variável X assuma.

5. Que tipo de problema ocorre quando deixamos alguma variável importante de fora de um modelo?
   a) Quando o erro de especificação se refere à ausência de alguma variável, então o modelo foi subespecificado.
   b) Quando o erro de especificação se refere à ausência de alguma variável, então e o modelo foi sobre-especificado.

c) Quando o erro de especificação se refere à ausência de alguma constante, então o modelo tende ao infinito.
d) Quando o erro de especificação se refere à ausência de algum parâmetro, então o modelo foi corretamente especificado.
e) Quando o erro de especificação se refere à ausência de algum parâmetro, então o modelo é inversamente proporcional.

Atividades de aprendizagem

Questão para reflexão

1. O lucro Y de uma empresa depende diretamente dos investimentos em logística (X_2) e em *Marketing* (X_3).

Regressão linear múltipla com duas variáveis explanatórias

Y	X_2	X_3
720	2	0,2
820	4	0,3
926	5	0,5
1.150	8	0,45
1.230	9	0,66
1.342	12	0,7
1.405	11	0,75
1.550	7	0,64
1.705	9	0,55
1.450	6	0,5
1.100	5	0,3
980	3	0,2

Com base nos dados, encontre:

1. $\hat{\beta}_1$;

2. $\hat{\beta}_2$;

3. $\hat{\beta}_3$.

Atividade aplicada: prática

De acordo com os dados encontrados na "questão para reflexão" anterior, discuta com seus colegas se é mais conveniente, no caso da empresa analisada, investir em logística ou em *marketing*. Justifique sua resposta.

6

Funções de regressão não linear e índices

Neste capítulo, trataremos dos principais modelos de regressão não linear e suas características úteis à pesquisa econômica.

Também abordaremos aspectos fundamentais de alguns números índices, como o Índice de Bradstreet e o de Sauerbeck. Além disso, estudaremos o Índice de Laspeyres e o Índice de Paasche, bastante utilizados tanto em institutos de pesquisa quanto em empresas privadas que buscam subsidiar seus diagnósticos internos em relação a fatores com preço e produção, entre outros.

6.1 Modelagem de funções de regressão não linear

Ao longo dos Capítulos 4 e 5, concentramos nossa atenção nos modelos de regressão linear, porém há diversas situações práticas e teóricas em que esses modelos não atendem às nossas necessidades de análise. Assim, a partir de agora, introduziremos alguns conceitos referentes a modelos e a regressões não lineares.

A principal característica do modelo de regressão linear é a existência de linearidade nos parâmetros – caso ela não exista, ainda que as variáveis sejam lineares, o modelo em questão será não linear.

Além da não linearidade dos parâmetros, outra premissa em relação às regressões não lineares é que seus gráficos não são uma reta, podendo assumir diversos formatos.

De maneira genérica, o modelo de regressão não linear pode ser escrito da seguinte maneira:

$$Y_i = f(X_i, \beta) + u_i \quad i =, \ldots, n \qquad \text{Equação 6.1}$$

Em que Y_i é a variável dependente, $f(X_i, \beta) + u_i$ é a função não linear de X_i e dos parâmetros β desconhecidos e u_i são os erros aleatórios com distribuição normal, com variância constante e média igual a zero.

Uma das formas utilizadas para a estimação de modelos de regressão não linear é o de tentativa e erro, quando testamos vários valores para os estimadores $\hat{\beta}$ até encontrarmos algum que seja suficiente próximo, de forma a atender à pesquisa que desejamos desenvolver.

Um exemplo de regressão não linear bastante usada em análises econômicas é a **função de produção Cobb-Douglas**.

$$Y_i = \beta_1 X_{2i}^{\beta_2} X_{2i}^{\beta_3} e^{u_i} \qquad \text{Equação 6.2}$$

Em que Y é a produção do período, X_2 é a quantidade de trabalho aplicada na produção e X_3, a quantidade de capital empregado na produção de Y.

Nesse modelo, β_1 e β_2 são os parâmetros e u_i, como já visto, é o termo de erro. A função Cobb-Douglas é bastante útil quando se analisam grandezas como elasticidade da demanda de algum produto em relação à variação de seu preço.

Ao examinar determinado evento econômico, encontramos a Tabela 6.1 e a seguinte expressão exponencial:

$$Y_i = \beta_1 e^{\beta_2 X_i} + u_i \qquad \text{Equação 6.3}$$

Tabela 6.1 – Taxa × lucro (em milhares de reais)

	Taxa	Lucro
1	0,72	2
2	0,68	6
3	0,65	8
4	0,6	9
5	0,58	11
6	0,532	12

(continua)

(Tabela 6.1 – conclusão)

	Taxa	Lucro
7	0,51	15
8	0,495	20
9	0,452	25
10	0,398	30
11	0,364	35
12	0,3738	45
13	0,345	55
14	0,321	60
15	0,29	65
16	0,15	70
17	0,18	75
18	0,137	85

Pelo método iterativo, por meio de tentativa e erro, teste os estimadores β_1 e β_2 para, ao menos, 2 valores e monte a Tabela 6.2 com os valores encontrados.

Reorganizando a Equação 6.3 com os quadrados dos erros, obtemos:

$$\sum u_i^2 = \sum \left(Y_i - \beta_1 e^{\beta_2 X_i} \right)^2$$

Arbitrando e substituindo os valores de β_1 e β_2, temos:

1. Para o teste 1: $\beta_1 = 0,3$ e $\beta_2 = -0,02$

$$\sum u_i^2 = \sum \left(Y_i - 0,3 e^{-0,02 X_i} \right)^2$$

2. Para o teste 2: $\beta_1 = 0,42$ e $\beta_2 = -0,03$

$$\sum u_i^2 = \sum \left(Y_i - 0,42 e^{-0,03 X_i} \right)^2$$

Assim, encontramos os seguintes quadrados dos erros, respectivamente:

Tabela 6.2 – Termos de erro elevados ao quadrado

	Teste 1 $\hat{u}_i^2$	Teste 2 $\hat{u}_i^2$
	0,186	0,105
	0,153	0,081
	0,131	0,065
	0,097	0,042
	0,085	0,034
	0,059	0,019
	0,049	0,013
	0,043	0,010
	0,027	0,003
	0,012	0,000
	0,006	0,001
	0,007	0,000
	0,003	0,003
	0,001	0,006
	0,000	0,011
	0,019	0,060
	0,012	0,046
	0,023	0,067
Σ	**0,914**	**0,566**

Analisando os quadrados dos erros dos estimadores que foram arbitrados, percebemos que os estimadores do teste 1 são os mais próximos dos valores reais de β_1 e de β_2.

Podemos seguir indefinidamente com o teste de tentativa e erro até encontrar os valores que melhor atendam a determinada pesquisa. Vale observar que esse tipo de teste é, normalmente, feito por meio de algoritmos, o que facilita e muito os cálculos.

Apesar de trabalhoso, o método iterativo é bastante intuitivo, o que o torna bastante atraente em termos didáticos. Todavia, ele não é utilizado na prática em razão da precariedade dos resultados obtidos, que, muitas vezes, não atendem ao objetivo da pesquisa desenvolvida. Além disso, a existência de muitos parâmetros pode fazer com que a resolução do modelo torne-se bastante trabalhosa, inviabilizando sua utilização.

Uma forma de linearização bastante utilizada pelos pesquisadores da área de economia é a expansão de séries de Taylor, baseada no teorema de Taylor, pela qual, segundo Gujarati e Porter (2011, p. 535), "qualquer função arbitrária $f(X)$ que seja contínua e tenha uma derivada de n-ésima ordem pode ser aproximada em torno de um ponto $X = XO$ por uma função polinomial e um resto".

Assim, temos:

$$f(X) = \frac{f(X_0)}{0!} + \frac{f'(X_0)(X-X_0)}{1!} + \frac{f''(X_0)(X-X_0)^2}{2!} + \ldots$$
$$+ \frac{f^n(X_0)(X-X_0)^n}{n!} + R \qquad \text{Equação 6.4}$$

Em que $f'(X_0)$ é a derivada primeira de $f(X)$ para $X = X_0$, $f''(X_0)$ é a derivada segunda de $f''(X)$ $X = X_0$ e assim por diante. Nessa equação, $n!$ significa que temos $n(n-1) \cdot (n-2) \cdot 0!$, que equivale a 1, e o R é o resto.

Se n = 1, teremos uma aproximação linear; se arbitrarmos n = 2, teremos uma aproximação polinomial de grau dois; e assim sucessivamente.

Como podemos perceber, à medida que a ordem do polinômio sobe, mais nos aproximamos da função original. Se aplicarmos esses conceitos na função a seguir, em que buscamos aproximá-la no ponto $X = 0$, teremos:

$$Y = f(X) = a_1 + a_2X + a_3X^2 + a_4x^3 \qquad \text{Equação 6.5}$$

Ao nos aproximarmos do ponto $X = 0$, obtemos:

$f(0) = \alpha_1;$ \qquad $f'(0) = \alpha_2;$ \qquad $f''(0) = 2\alpha_3;$ \qquad $f'''(0) = 6\alpha_4.$

Assim, teremos:

- Primeira ordem:
$$Y = \alpha_1 + \frac{f'(0)}{1!} = \alpha_1 + \alpha_2 X + R(= \alpha_3 X^2 + \alpha_4 X^3)$$

- Segunda ordem:
$$Y = f(0) + \frac{f'(0)}{1!}X + \frac{f''(0)}{2!}X^2 =$$
$$= \alpha_1 + \alpha_2 X + \alpha_3 X^2 + R(= \alpha_4 X^3)$$

- Terceira ordem:
$$Y = \alpha_1 + \alpha_2 X + \alpha_3 X^2 + \alpha_4 X^3$$

Na aproximação de terceira ordem, encontramos a equação que originou o processo. Assim, pelo teorema de Taylor, podemos encontrar um polinômio de ordem inferior pela exclusão dos termos de ordem mais elevada por meio de uma função linear.

Aplicaremos esse método de linearização na Equação 6.3, mas por ora, deixaremos de lado o termo de erro u_i.

$$Y_i = \beta_1 e^{\beta_2 X_i}$$

Para linearizarmos essa função, assumimos que os valores de β^* são fixos, $\beta_1 = \beta_1^*$ e $\beta_2 = \beta_2^*$. Nesse processo, utilizaremos as derivadas parciais da Equação 6.3, f_{β_1} e f_{β_2}, em relação aos valores hipotéticos dos parâmetros destacados com o asterisco. Assim, encontramos a Equação 6.6:

$$Y = f(\beta_1, \beta_2) = f(\beta_1^*, \beta_2^*) + f_{\beta_1}(\beta_1^*, \beta_2^*)(\beta_1 - \beta_1^*)$$
$$+ f_{\beta_2}(\beta_1^*, \beta_2^*)(\beta_2 - \beta_2^*) \qquad \text{Equação 6.6}$$

Arbitrando os valores dos parâmetros com asterisco em $\beta_1^* = 0{,}30$ e $\beta_2^* = 0{,}02$, temos:

$$f(\beta_1^* = 0{,}30, \beta_2^* = 0{,}02) = 0{,}3 e^{0{,}02 X_i}.$$

Fazendo a derivada parcial da Equação 6.3, temos:

- $f_{\beta_1} = e^{\beta_2 X_i}$;
- $f_{\beta_2} = \beta_1 X_i e^{\beta_2 X_i}$.

Substituindo-os na Equação 6.6, obtemos:

$$Y_i = 0{,}30 e^{0{,}02 X_i} + e^{0{,}02 X_i}(\beta_1 - 0{,}30) + 0{,}30 X_i e^{0{,}02 X_i}(\beta_2 - 0{,}02).$$

Assim:

$$(Y_i - 0{,}30 e^{0{,}02 X_i}) = e^{0{,}02 X_i} \alpha_1 + 0{,}30 X_i e^{0{,}02 X_i} \alpha_2.$$

Assumimos que:

- $\alpha_1 = (\beta_1 - 0{,}30)$;
- $\alpha_2 = (\beta_2 - 0{,}02)$;
- $Y_i^* = (Y_i - 0{,}30 e^{0{,}02 X_i})$;
- $X_{1i} = e^{0{,}02 X_i}$;
- $X_{2i} = 0{,}30 X_i e^{0{,}02 X_i}$.

Adicionando o termo de erro, podemos montar o modelo agora linearizado:

$$Y_i^* = \alpha_1 X_{1i} + \alpha_2 X_{2i} + u_i \qquad \text{Equação 6.7}$$

Os valores de a_1 e de a_2 podem ser facilmente encontrados aplicando o método dos mínimos quadrados ordinários, como vimos no Capítulo 4. Na sequência, basta executarmos as substituições, conforme mostrado abaixo:

$\beta_1 = (\alpha_1 + 0{,}30)$ e $\beta_2 = (\alpha_1 + 0{,}01)$

Os valores de β encontrados devem ser substituídos na Equação 6.6 como β^{**} para, assim, darmos seguimento ao processo de linearização até que os valores encontrados mudem pouco em razão do incremento.

Para que haja produtividade, é recomendável a utilização de algum pacote estatístico ou econométrico nesse processo.

6.2 Números-índices

Segundo Hoffmann (2006, p. 309), os índices podem ser entendidos como "proporções estatísticas, geralmente expressas em porcentagem, idealizadas para comparar as situações de um conjunto de variáveis em épocas ou localidades diversas".

Em economia, os números-índices são largamente utilizados para facilitar a leitura e a comparação das variações de grandezas de séries de inflação, de crescimento, de desemprego etc.

O índice mais presente no nosso cotidiano talvez seja a taxa de inflação, que indica o quanto os preços de uma cesta de produtos variaram em determinado período de tempo.

A metodologia de cálculo da inflação pode variar de acordo com o objetivo da análise. Há pesquisas que objetivam saber qual o

Índice de Preços ao Consumidor final (IPC); também existem índices que buscam analisar a inflação no atacado, como o Índice de Preços por atacado (IPA); e os índices que refletem as alterações de preços em um setor específico, como é o caso do Índice Nacional de Custo da Construção Civil (Sinapi).

Além disso, existem vários institutos, privados e governamentais, que buscam medir a inflação. Entre os que analisam a inflação brasileira, os principais são o Instituto Brasileiro de Geografia e Estatística (IBGE), a Fundação Getulio Vargas (FGV) e a Fundação Instituto de Pesquisas Econômicas (Fipe).

Um problema que devemos enfrentar quando pretendemos saber qual foi a variação de preços de um dado conjunto de itens (cesta) é o de calcular as variações de preço para vários artigos conjuntamente.

Na sequência, discorreremos um pouco mais sobre os principais índices utilizados para o cálculo da variação de preços de uma cesta de produtos.

6.2.1 Índice agregativo simples (Bradstreet)

O índice agregativo simples, também chamado de *IAS*, é o mais simples entre os índices utilizados. Trata-se da razão entre o preço (ou a quantidade) presente de um conjunto de produtos pelos seus valores no tempo-base. Assim, temos:

$$IAS = \frac{\sum_{i=1}^{n} p_i^1}{\sum_{i=1}^{n} p_i^0} = \frac{\frac{\sum_{i=1}^{n} p_t^i}{n}}{\frac{\sum_{i=1}^{n} p_0^i}{n}} = \frac{\bar{P}_t}{\bar{P}_0} \qquad \text{Equação 6.8}$$

6.2.2 Índice da média aritmética simples ou índice de Sauerbeck

O índice de Sauerbeck também pode ser considerado um índice agregativo, pois, assim como ocorre com o IAS, busca analisar as variações dos produtos ou dos preços de todos os itens da cesta ao mesmo tempo. Esse índice é calculado a partir da média aritmética simples da razão entre os preços dos bens em dois períodos. Assim, temos:

$$S = \frac{1}{n}\sum_{i=1}^{n} \frac{p_i^1}{p_i^0} \qquad \text{Equação 6.9}$$

6.2.3 Índice de Laspeyres

Diferentmente do que ocorre com os dois estudados anteriormente, o índice de Laspeyres, assim como o de Paasche, de que falaremos na sequência, são índices agregativos ponderados, pois, com o intuito de contornar as limitações dos itens agregativos, são atribuídos diferentes pesos aos artigos que compõem a cesta de produtos, diferenciando a participação de cada elemento.

O critério de ponderação mais comumente utilizado é o de preços, em que são atribuídos diferentes pesos de acordo com o valor de venda de cada item da cesta analisada, porém esses índices também podem ser calculados, por exemplo, em relação à quantidade produzida.

O índice de Laspeyres relativo aos preços pode ser calculado por meio da seguinte expressão:

$$L = \frac{\sum_{i=1}^{n} p_i^1 q_i^0}{\sum_{i=1}^{n} p_i^0 q_i^0} \qquad \text{Equação 6.10}$$

Na Equação 6.11, vemos que é possível, com alguns pequenos ajustes, calcular o índice de Laspeyres referente à quantidade produzida, bastando alterar a posição do "preço" e da "quantidade" apresentadas na Equação 6.10:

$$L = \frac{\sum_{i=1}^{n} q_i^1 p_i^0}{\sum_{i=1}^{n} q_i^0 p_i^0} \qquad \text{Equação 6.11}$$

O mesmo raciocínio pode ser seguido caso queiramos, por exemplo, calcular o índice de Laspeyres referente ao consumo. Na prática, é mais comum encontrar esse índice sendo calculado em relação aos preços do que em relação ao consumo ou à quantidade produzida. Isso se deve ao fato de que, pela ótica dos institutos de pesquisa, é menos trabalhoso acompanhar as mudanças nos preços dos produtos de uma cesta do que acompanhar a produção desses produtos, além da não divulgação das pesquisas internas realizadas pelas empresas privadas.

Por meio de algumas transformações algébricas, é possível calcular o índice de Laspeyres em relação à participação percentual de determinado bem em relação ao gasto global relativo no período zero. Essa técnica é utilizada quando se deseja, por exemplo, ponderar a participação de cada um dos bens no orçamento das famílias no período zero. Desmembrando a Equação 6.10, temos:

$$L = \frac{\sum_{i=1}^{n} p_i^1 q_i^0}{\sum_{i=1}^{n} p_i^0 q_i^0} = \frac{p_1^1 q_1^0 + p_2^1 q_2^0 + \ldots + p_n^1 q_n^0}{\sum_{i=1}^{n} p_i^0 q_i^0}.$$

Reescrevendo de outra maneira, obtemos:

$$L = \frac{p_1^1 q_1^0}{\sum_{i=1}^{n} p_i^0 q_i^0} + \frac{p_2^1 q_2^0}{\sum_{i=1}^{n} p_i^0 q_i^0} + \ldots + \frac{p_n^1 q_n^0}{\sum_{i=1}^{n} p_i^0 q_i^0}.$$

Ao multiplicarmos os termos da equação por P_1^0, o resultado é:

$$L = \frac{P_1^1}{P_1^0} \cdot \frac{P_1^1 q_1^0}{\sum_{i=1}^{n} P_i^0 q_i^0} + \frac{P_2^1}{P_2^0} \cdot \frac{P_2^1 q_2^0}{\sum_{i=1}^{n} P_i^0 q_i^0} + \ldots$$

$$+ \frac{P_n^1}{P_n^0} \cdot \frac{P_n^1 q_n^0}{\sum_{i=1}^{n} P_i^0 q_i^0}.$$

Calculando a média aritmética dos preços relativos de cada bem que compõe a cesta, chegamos a:

$$w_i^0 = \frac{P_1^0 q_1^0}{\sum_{i=1}^{n} P_i^0 q_i^0} \qquad \text{Equação 6.12}$$

Em que o termo w_i^0 se refere à participação relativa do bem i no gasto do bem i no período zero. Substituindo o termo w_i^0 na equação, obtemos:

$$L = \frac{P_1^1}{P_1^0} \cdot w_1^0 + \frac{P_2^1}{P_2^0} \cdot w_2^0 + \ldots + \frac{P_n^1}{P_n^0} \cdot w_n^0$$

De maneira simplificada:

$$L = \sum_{i=1}^{n} \frac{P_i^1}{P_i^0} \cdot w_1^0 \qquad \text{Equação 6.13}$$

6.2.4 Índice de Paasche

Como já foi dito anteriormente, o Índice de Paasche, assim como o de Laspeyres, é um índice agregativo ponderado, pois atribui diferentes pesos aos itens da cesta de produtos que sendo analisada. Para calcular o índice de Paasche, utilizamos a seguinte expressão:

$$P = \frac{\sum_{i=1}^{n} p_i^1 q_i^1}{\sum_{i=1}^{n} p_i^0 q_i^1}$$ Equação 6.14

A diferença básica entre os índices de Laspeyres e de Paasche é que, enquanto o primeiro utiliza as quantidades iniciais, o usa as quantidades do período final.

Pelo fato de o índice de Laspeyres utilizar dados da época inicial em vez do tempo presente, há a tendência de que seu numerador seja um número relativamente alto, fazendo com que o resultado esteja superdimensionado. O índice de Paasche, todavia, por utilizar valores da época atual, tende a elevar o denominador, o que faz com que ele seja subdimensionado.

Assim como ocorre com o índice de Laspeyres, o de Paasche pode também ser utilizado para outros tipos de análise que não apenas de preços; porém, pelos mesmos motivos que foram apresentados para o de Laspeyres, não é tão comum encontrar o índice de Paasche sendo aplicado à produção ou ao consumo em pesquisas realizadas e, principalmente, divulgadas por institutos de pesquisa.

A equação utilizada para o cálculo do Índice de Paasche referente à produção é:

$$P = \frac{\sum_{i=1}^{n} q_i^1 p_i^1}{\sum_{i=1}^{n} q_i^0 p_i^1}$$ Equação 6.15

De maneira similar ao que vimos em relação ao Índice de Laspeyres, com o índice de Paasche também é possível, após algum trabalho algébrico, calculá-lo em relação à participação percentual de um determinado bem em relação ao gasto global relativo no período zero. Assim, temos:

$$P = \frac{\sum_{i=1}^{n} p_i^1 q_i^1}{\sum_{i=1}^{n} p_i^0 q_i^1} \qquad \text{Equação 6.16}$$

Essa equação pode ser reescrita como:

$$P = \frac{1}{\dfrac{\sum_{i=1}^{n} p_i^0 q_i^1}{\sum_{i=1}^{n} p_i^1 q_i^1}}.$$

Desmembrando esta equação, encontramos:

$$P = \frac{1}{\dfrac{p_1^0 q_1^1}{\sum_{i=1}^{n} p_i^1 q_i^1} + \dfrac{p_2^0 q_2^1}{\sum_{i=1}^{n} p_i^1 q_i^1} + \ldots + \dfrac{p_n^0 q_n^1}{\sum_{i=1}^{n} p_i^1 q_i^1}}.$$

Multiplicando os denominadores por p_i^1:

$$P = \frac{1}{\dfrac{p_1^0}{p_1^1} \cdot \dfrac{p_1^1 q_1^1}{\sum_{i=1}^{n} p_i^1 q_i^1} + \dfrac{p_2^0}{p_2^1} \cdot \dfrac{p_2^1 q_2^1}{\sum_{i=1}^{n} p_i^1 q_i^1} + \ldots + \dfrac{p_n^0}{p_n^1} \cdot \dfrac{p_n^1 q_n^1}{\sum_{i=1}^{n} p_i^1 q_i^1}}.$$

De forma similar ao que ocorre com o índice de Laspeyres, também será utilizado um multiplicador w_i^1, que é média aritmética dos preços relativos dos bens que compõem a cesta, com a diferença de que, como estamos trabalhando com o índice de Paasche, esse multiplicador utilizará o período um. Assim, temos:

$$w_i^1 = \frac{p_i^1 q_i^1}{\sum_{i=1}^{n} p_i^1 q_i^1} \qquad \text{Equação 6.17}$$

Substituindo w_i^1, obtemos:

$$P = \frac{1}{\dfrac{p_1^0}{p_1^1} \cdot w_i^1 + \dfrac{p_2^0}{p_2^1} \cdot w_i^1 + \ldots + \dfrac{p_n^0}{p_n^1} \cdot w_i^1}.$$

De forma resumida, chegamos a:

$$P = \frac{1}{\sum_{i=1}^{n} \dfrac{p_i^0}{p_i^1} \cdot w_i^1}.$$

6.2.5 Critérios e índice de Fisher

Além dos exemplos apresentados, há diversas outras formas de se calcular índices de preços, porém é preciso saber se o valor calculado é satisfatório.

Uma forma de saber se os índices de Paasche e de Laspeyres são adequados para uma análise é utilizando os critérios de Fisher e do índice de Fisher.

Critérios de Fisher

1. **Identidade** – Ocorre quando o índice encontrado é idêntico ao período inicial, assim, temos: $I_{00} = 1$.

2. **Proporcionalidade** – Caso os preços relativos sejam iguais, os índices também serão.

3. **Reversibilidade** – Significa que, se pudermos encontrar a variação de preços, por exemplo, entre abril e maio, podemos fazer o processo inverso e determinar a variação de maio em relação a abril. Assim, temos:

   $I_{01} \times I_{10} = 1$

4. **Determinação** – O índice não pode ser infinito, indeterminado ou nulo – este último, sobretudo, no caso de uma única parcela, que não pode ser nula.

Índice de Fisher

A ideia básica do Índice de Fisher é simplesmente ser um intermediário entre os índices de Laspeyres e de Paasche. Para isso, devemos apenas calcular a média geométrica entre estes dois.

Assim, para calcularmos o índice Fisher, utilizamos a seguinte expressão:

$$F = \sqrt{L \cdot P}$$
Equação 6.18

Em que L é o índice de Laspeyres e P é o índice de Paasche.

Síntese

Diferentemente do que vimos nos capítulos anteriores, em que, basicamente, focamos nos fundamentos da análise de regressão simples, neste capítulo, dedicamo-nos a compreender os principais conceitos dos modelos de regressão não linear em que não há linearidade nos parâmetros.

Além das definições fundamentais das regressões não lineares, analisamos alguns índices utilizados em indicadores econômicos, como a variação de preços. Nesse sentido, observamos o índice agregativo simples (IAS) e os índices de Laspeyres, Paasche e Fischer, sendo que o último é utilizado para testar a validade dos dois anteriores. Além disso, vimos os critérios de Fischer, que empregamos para validar se os índices calculados podem ser utilizados em determinada análise.

Exercício resolvido 6.1

Calcule o índice agregativo simples dos produtos apresentados na Tabela 6.3.

Tabela 6.3 – Preços de uma cesta de produtos (em reais)

	Janeiro	Fevereiro
Chocolate	4,00	6,00
Salame	12,00	15,00
Celular	750,00	880,00
Vinho	20,00	25,00
Queijo brie	67,00	85,00

Substituindo os valores da Tabela 6.3 na Equação 6.8, temos:

$$IAS = \frac{\sum_{i=1}^{n} p_i^1}{\sum_{i=1}^{n} p_i^0} = \frac{6 + 15 + 880 + 25 + 85}{4 + 12 + 750 + 20 + 67} = 1,19.$$

Portanto, de acordo com o IAS, podemos afirmar que os preços dos produtos da Tabela 6.3 variaram 19% no período de janeiro a fevereiro.

Como podemos perceber, a Equação 6.8 é bastante limitada, pois a presença de algum valor excessivamente grande ou pequeno na cesta de produtos, como é o caso do valor do celular, relativamente alto, causa distorções no resultado.

Exercício resolvido 6.2

Calcule o índice de Sauerbeck dos produtos apresentados na Tabela 6.3, do "Exercício resolvido 6.1".

Substituindo os valores da Tabela 6.3, na Equação 6.9, temos:

$$S = \frac{1}{n}\sum_{i=1}^{n}\frac{p_i^1}{p_i^0} = \frac{1}{5} \times \left(\frac{6 + 15 + 880 + 25 + 85}{4 + 12 + 750 + 20 + 67}\right) = 1,29.$$

Portanto, de acordo com o Índice de Sauerbeck, podemos afirmar que os preços dos produtos da Tabela 6.3 variaram 29% no período de janeiro a fevereiro. Assim como houve no cálculo IAS, o Índice de Sauerbeck apresenta distorções no resultado final, uma vez que, por exemplo, a alteração de preços do chocolate foi de 50%, enquanto o aumento de preços dos celulares foi de apenas 17%.

Exercício resolvido 6.3

Calcule os índices de Laspeyres e Paasche para a cesta de produtos cujos preços estão dispostos na Tabela 6.4.

Tabela 6.4 – Preços de uma cesta de produtos (em reais)

	2016		2017	
	Preço (R$)	Quantidade	Preço (R$)	Quantidade
Chocolate	3,00	1.000	5,00	500
Salame	12,00	1.500	15,00	1.200
Celular	750,00	500	800,00	480
Vinho	32,00	645	45,00	780
Queijo brie	67,00	350	67,00	480

Para calcular o índice de Laspeyres, devemos substituir os valores da Tabela 6.4 na Equação 6.10:

$$L = \frac{\sum_{i=1}^{n} p_i^1 q_i^0}{\sum_{i=1}^{n} p_i^0 q_i^0} =$$

$$= \frac{1000 \cdot 5 + 1500 \cdot 15 + 500 \cdot 800 + 645 \cdot 45 + 350 \cdot 67}{1000 \cdot 3 + 1500 \cdot 12 + 500 \cdot 750 + 645 \cdot 32 + 350 \cdot 67}$$

$$L = 1{,}091.$$

Logo, segundo o índice de Laspeyres, a variação de preços dessa cesta no período pesquisado, foi de 9,1%.

Utilizando a Equação 6.14 para calcular o índice de Paasche, temos:

$$P = \frac{\sum_{i=1}^{n} p_i^1 q_i^1}{\sum_{i=1}^{n} p_i^0 q_i^1} =$$

$$= \frac{500 \cdot 5 + 1200 \cdot 15 + 480 \cdot 800 + 780 \cdot 45 + 480 \cdot 67}{500 \cdot 3 + 1200 \cdot 12 + 480 \cdot 750 + 780 \cdot 32 + 480 \cdot 67}$$

$$P = 1{,}089.$$

Assim, o cálculo do índice de Paasche indica que a alteração de preços no período analisado foi de 8,9%.

Conforme o esperado, o valor do índice de Laspeyres é ligeiramente superior ao do índice de Paasche.

Exercício resolvido 6.4

Com base nos resultados do "Exercício resolvido 6.3", encontre o índice de Fisher.

Substituindo os valores dos índices de Laspeyres e de Paasche encontrados no "Exercício resolvido 6.3" na Equação 6.18, temos:

$$F = \sqrt{L \cdot P} = \sqrt{1{,}091 \cdot 1{,}089}$$

F = 1,09.

Conforme o esperado, o valor do índice de Fisher encontrado, F = 9%, é maior do que o de Paasche e menor do que o de Laspeyres.

Atividades de autoavaliação

1. Assinale a alternativa que indica a principal característica dos modelos de regressão não lineares:
   a) Há linearidade nos parâmetros.
   b) Não há linearidade entre a média e a mediana.
   c) Não há linearidade nos resultados.
   d) Há quase linearidade nos parâmetros.
   e) Há quase linearidade entre a média e a mediana.

2. Assinale a alternativa que apresenta três índices inflacionários:
   a) PIB, PNB, IPCA.
   b) IPI, ICMS. ITR.
   c) CNBB, PRF, PFL.
   d) PIB, IBC-Br, Alca.
   e) IPC, IPA, Sinapi.

3. Assinale a alternativa que indica as principais limitações do índice de Bradstreet:
   a) A presença de algum valor mediano na cesta de produtos causa distorções no resultado final.
   b) A ausência de algum valor excessivamente grande ou excessivamente pequeno na cesta de produtos causa distorções no resultado final.
   c) A presença de algum valor excessivamente grande ou excessivamente pequeno na cesta de produtos causa distorções no resultado final.

d) A ausência de algum valor excessivamente grande ou excessivamente pequeno na cesta de produtos não causa distorções no resultado final.
e) A ausência de algum valor médio ou mediano na cesta de produtos causa distorções no resultado final.

4. Quais as principais características do índice de Laspeyres?
    a) Trata-se de um índice desagregativo, pois atribui pesos idênticos aos itens da cesta de produtos analisada; utiliza as quantidades iniciais.
    b) Trata-se de uma variável aleatória, pois atribui diferentes pesos aos itens da cesta de produtos analisada; utiliza as quantidades médias.
    c) Trata-se de um índice agregativo ponderado, pois atribui idênticos pesos aos itens da cesta de produtos analisada; utiliza as quantidades máximas.
    d) Trata-se de um índice agregativo ponderado, pois atribui diferentes pesos aos itens da cesta de produtos analisada; utiliza as quantidades iniciais.
    e) Trata-se de um índice que atribui valores aleatórios a apenas um item da cesta de produtos analisada; utiliza as quantidades médias.

5. Assinale a alternativa que apresenta três institutos de pesquisa que se dedicam à construção de índices inflacionários:
    a) IBGE, FGV, Fipe.
    b) PNL, PNB, PIB.
    c) ICMS, IPI, ITR.
    d) IPC, IPA, Sinapi.
    e) IPVA, IPTU, IVA.

Atividades de aprendizagem

Questões para reflexão

1. 1. Por meio do método iterativo, teste os estimadores $\beta_1 = 0{,}5$ e $\beta_2 = 0{,}02$ para os valores da tabela seguinte; para o modelo de regressão não linear indicado, encontre a soma dos quadrados dos erros $\hat{u}^2$.

$$Y_i = \beta_1 e^{\beta_2 X_i} + u_i$$

	Juros	Custo financeiro
1	0,72	5
2	0,68	7
3	0,65	8
4	0,6	9
5	0,58	12
6	0,532	13
7	0,51	16
8	0,495	18
9	0,452	20
10	0,398	25
11	0,364	29
12	0,3738	32

2. Calcule o IAS e o índice de Sauerbeck para a cesta de produtos representada na tabela a seguir.

	Janeiro	Fevereiro
Produto A	R$ 15,00	R$ 13,00
Produto B	R$ 25,00	R$ 37,00
Produto A	R$ 67,00	R$ 76,00
Produto C	R$ 700,00	R$ 823,00
Produto D	R$ 1.500,00	R$ 1.655,00

Atividade aplicada: prática

1. Após uma exaustiva pesquisa por vários supermercados, um pesquisador coletou os dados contidos na tabela seguinte. Calcule os índices de Laspeyres e de Paasche para os valores das cesta de produtos:

	2015		2017	
	Preço	Quantidade	Preço	Quantidade
Produto A	R$ 3,00	2200	R$ 5,00	2000
Produto B	R$ 5,00	2500	R$ 7,50	2200
Produto A	R$ 730,00	235	R$ 800,00	215
Produto C	R$ 453,00	125	R$ 530,00	122

Utilize o índice de Fisher para testar a significância dos valores dos índices encontrados.

Considerações finais

Como evidenciamos ao longo desta obra, os dados estão por toda parte, à espera de um espírito laborioso que, utilizando as ferramentas adequadas, proponha-se a transformá-los em informações úteis.

Vimos que, para fazer projeções e análises a respeito de grandezas econômicas, como a inflação e Produto Interno Bruto (PIB), ou mesmo para fazer projeções a respeito da demanda de determinado produto, é necessário que o analista econômico tenha domínio dos principais instrumentos de análise.

As ciências exatas, como a matemática e a estatística, fornecem as ferramentas necessárias para esse tipo de trabalho, de forma que é imprescindível ao analista que deseja desenvolver modelos que quantifiquem as relações entre as variáveis econômicas ter conhecimento dos métodos existentes. Sem esse domínio, não há como se considerar um profissional adequadamente formado.

Mesmo que o analista não venha demonstrar a validade de um teorema, é necessário que consiga aplicar as ferramentas de análise desenvolvidas pelas ciências exatas. Todavia, para aproveitar as oportunidades profissionais que a área oferece, é necessário que, além do conhecimento em economia, matemática e estatística, o pesquisador também dedique parte do seu tempo para aprender a utilizar as plataformas e as linguagens de programação utilizadas na área, como R e Python.

Para os que estão iniciando – ou reiniciando – suas carreiras, lembrem-se de que é preciso ter a mente e os olhos abertos para as inúmeras oportunidades que surgem a cada dia àqueles que e são dispostos a sempre aprender.

Referências

CASTANHEIRA, N. P. **Estatística aplicada a todos os níveis**. 2. ed. Rev. e ampl. Curitiba: InterSaberes, 2018. (Série Matemática Aplicada).

CEPEA – Centro de Estudos Avançados em Economia Aplicada. **CEPEA_20190604160904.xls**. Leite ao produtor Cepea/Esalq - Preço médio BRUTO (R$/litro). Cepea. São Paulo, [2019]. Planilha eletrônica. Disponível em: <https://www.cepea.esalq.usp.br/br/indicador/series/leite.aspx?id=leite>. Acesso em: 4 jun. 2019.

ENDO, S. **Números-índices**. São Paulo: Atual, 1986.

GUJARATI, D. N.; PORTER, D. C. **Econometria básica**. Tradução de Denise Durante, Mônica Rosemberg e Maria Lúcia G. L. Rosa. 5. ed. Porto Alegre: McGraw Hill, 2011.

HILL, C. **Econometria**. 3. ed. São Paulo: Saraiva, 2010.

HOFFMANN, R. **Estatística para economistas**. 4. ed. São Paulo: Cengage Learning, 2006.

IBGE – Instituto Brasileiro de Geografia e Estatística. **7531a821326941965f1483c85caca11f.xls**. Variação do PIB brasileiro de 1947 a 2016. IBGE. Rio de Janeiro, 7 mar. 2017. Planilha eletrônica. Disponível em: <https://agenciadenoticias.ibge.gov.br/media/com_mediaibge/arquivos/7531a821326941965f1483c85caca11f.xls>. Acesso em: 4 jun. 2019.

IBGE – Instituto Brasileiro de Geografia e Estatística. Sistema IBGE de Recuperação Automática. **Índice Nacional de Preços ao Consumidor Amplo**. Disponível em: <https://sidra.ibge.gov.br/tabela/1419>. Acesso em: 5 jun. 2019a.

IBGE – Instituto Brasileiro de Geografia e Estatística. Sistema IBGE de Recuperação Automática. **Pesquisa Nacional por Amostra de Domicílios Contínua Trimestral – PNADC/T.** Disponível em:<https://sidra.ibge.gov.br/pesquisa/pnadct/tabelas>. Acesso em: 5 jun. 2019b.

_____. **Pesquisa trimestral do leite**. Disponível em:<https://sidra.ibge.gov.br/tabela/1086>. Acesso em: 5 jun. 2019c.

JONHSTON, J.; DINARDO, J. **Econometric Methods**. São Paulo: McGraw Hill, 1997.

KMENTA, J. **Elementos de econometria**: teoria econométrica básica. São Paulo: Atlas, 1994. v. 2.

MORETTIN, P. A.; BUSSAB, W. de O. **Estatística básica**. 6. ed. São Paulo: Saraiva, 2010.

PINDYCK, R.; RUBINFELD, D. **Econometria**: modelos & previsões. Tradução de Denise Durante, Mônica Rosemberg e Maria Lúcia G. L. Rosa. 4. ed. São Paulo: Campus, 2004.

SARTORIS, A. **Estatística e introdução à econometria**. São Paulo: Saraiva, 2003.

STOCK, J. H.; WATSON, M. **Econometria**. Tradução de Mônica Rosemberg. São Paulo: Addison-Wesley, 2004.

WOOLDRIDGE, J. M. **Introdução à econometria**: uma abordagem moderna. Tradução de José Antônio Ferreira. São Paulo: Cengage Learning, 2011.

Bibliografia comentada

CASTANHEIRA, N. P. **Estatística aplicada a todos os níveis**. 2. ed. Rev. e ampl. Curitiba: InterSaberes, 2018. (Série Matemática Aplicada).

Para os leitores que tenham pouca familiaridade com estatística, é recomendável que utilizem o livro elaborado pelo professor Nelson Pereira Castanheira. A obra, além de ser bastante acessível, traz diversos exemplos e exercícios bastante úteis.

GUJARATI, D. N.; PORTER, D. C. **Econometria básica**. Tradução de Denise Durante, Mônica Rosemberg e Maria Lúcia G. L. Rosa. 5. ed. Porto Alegre: McGraw Hill, 2011.

Aos que pretendam trabalhar na área de economia, mais especificamente com econometria, o livro de Damodar N. Gujarati e Dawn C. Porter é fundamental para o assunto, pois a grande maioria dos cursos de graduação e de pós-graduação da área de economia o utiliza como base e estudos.

MORETTIN, P. A.; BUSSAB, W. de O. **Estatística básica**. 6.ed. São Paulo: Saraiva, 2010.

Por ser um livro bastante utilizado em cursos de graduação e de pós-graduação, *Estatística básica*, dos professores Wilton de O. Bussab e Pedro A. Morettin, é recomendável para todos que desejam iniciar seus estudos visando a futuros trabalhos na área de estatística.

Anexos

Anexo 1

Tabela A – Distribuição normal padrão

z	0	1	2	3	4	5	6	7	8	9
0	0,000000	0,003989	0,007879	0,011966	0,015953	0,019939	0,023922	0,027903	0,031881	0,035856
0,1	0,039828	0,043795	0,047758	0,051717	0,055670	0,059618	0,063559	0,067495	0,071424	0,075345
0,2	0,079260	0,083166	0,087064	0,090954	0,094835	0,098706	0,102568	0,106420	0,110261	0,114092
0,3	0,117911	0,121720	0,125516	0,129300	0,133072	0,136831	0,140576	0,144309	0,148027	0,151732
0,4	0,155422	0,159097	0,162757	0,166402	0,170031	0,173645	0,177242	0,180822	0,184386	0,187933
0,5	0,191462	0,194974	0,198468	0,201944	0,205401	0,208840	0,212260	0,215661	0,219043	0,222405
0,6	0,225747	0,229069	0,232371	0,235653	0,238914	0,242154	0,245373	0,248571	0,251748	0,254903
0,7	0,258036	0,261148	0,264238	0,267305	0,270350	0,273373	0,276373	0,279350	0,282305	0,285236
0,8	0,288145	0,291030	0,293892	0,296731	0,299546	0,302337	0,305105	0,307850	0,310570	0,313267

(continua)

(Tabela A – continuação)

Z	0	1	2	3	4	5	6	7	8	9
0,9	0,315940	0,318589	0,321214	0,323814	0,326391	0,328944	0,331472	0,333977	0,336457	0,338913
1	0,341345	0,343752	0,346136	0,318495	0,350830	0,353141	0,355428	0,357690	0,359929	0,362143
1,1	0,364334	0,366500	0,368643	0,370762	0,372857	0,374928	0,376976	0,379000	0,381000	0,382977
1,2	0,384930	0,386861	0,388768	0,390651	0,392512	0,394350	0,396165	0,397958	0,399727	0,401475
1,3	0,403200	0,404902	0,406582	0,408241	0,409877	0,411492	0,413085	0,414657	0,416207	0,417736
1,4	0,419243	0,420730	0,422196	0,423641	0,425066	0,426471	0,427855	0,429219	0,430563	0,431888
1,5	0,433193	0,434478	0,435745	0,436992	0,438220	0,439429	0,440620	0,441792	0,442947	0,444083
1,6	0,445201	0,446301	0,447384	0,448449	0,449497	0,450529	0,451543	0,452540	0,453521	0,454486
1,7	0,455435	0,456367	0,457284	0,458185	0,459070	0,459941	0,460796	0,461636	0,462462	0,463273
1,8	0,464070	0,464852	0,465620	0,466375	0,467116	0,467843	0,468557	0,469258	0,469946	0,470621
1,9	0,471283	0,471933	0,472571	0,473197	0,473810	0,474412	0,475002	0,475581	0,476148	0,476705
2	0,477250	0,477784	0,478308	0,478822	0,479325	0,479818	0,480301	0,480774	0,481237	0,481591
2,1	0,482136	0,482571	0,482997	0,483414	0,483823	0,484222	0,484614	0,484997	0,485371	0,485738
2,2	0,486097	0,486447	0,486791	0,487126	0,487455	0,487776	0,488089	0,488696	0,488696	0,488989
2,3	0,489276	0,489556	0,489930	0,490097	0,490358	0,490613	0,490863	0,491106	0,491344	0,491576
2,4	0,491802	0,492024	0,492240	0,492451	0,492656	0,492857	0,493053	0,493244	0,493431	0,493613
2,5	0,493790	0,493963	0,494132	0,494297	0,494457	0,494614	0,494766	0,494915	0,495060	0,495201
2,6	0,495339	0,495473	0,495604	0,495731	0,495855	0,495975	0,496093	0,496207	0,496319	0,496427

(Tabela A – conclusão)

Z	0	1	2	3	4	5	6	7	8	9
2,7	0,496533	0,796636	0,496736	0,496833	0,496928	0,497020	0,497110	0,497197	0,497282	0,497365
2,8	0,497445	0,497523	0,497599	0,497673	0,497744	0,497814	0,497882	0,497948	0,498012	0,498074
2,9	0,498134	0,498193	0,498250	0,498305	0,498359	0,498411	0,498462	0,498511	0,498559	0,498605
3	0,498650	0,498694	0,798736	0,498777	0,498817	0,498856	0,498893	0,498930	0,498965	0,498999
3,1	0,499032	0,499065	0,499096	0,499126	0,499155	0,499184	0,499211	0,499238	0,499264	0,499289
3,2	0,499313	0,499336	0,499359	0,499381	0,499402	0,499423	0,499443	0,499462	0,499481	0,499499
3,3	0,499517	0,499534	0,499550	0,499566	0,499581	0,499596	0,499610	0,499624	0,499638	0,499651
3,4	0,499663	0,499675	0,499687	0,499698	0,499709	0,499720	0,499730	0,499740	0,499749	0,499758
3,5	0,499767	0,499776	0,499784	0,499792	0,499800	0,499807	0,499815	0,499822	0,499828	0,499835
3,6	0,499841	0,499847	0,499853	0,499858	0,499864	0,499869	0,499874	0,499879	0,499883	0,499888
3,7	0,499892	0,499896	0,499900	0,499904	0,499908	0,488812	0,499915	0,499918	0,499922	0,499925
3,8	0,499928	0,499931	0,499933	0,499936	0,499938	0,499941	0,499943	0,499946	0,499948	0,499950
3,9	0,499952	0,499954	0,499956	0,499958	0,499959	0,499961	0,499963	0,499964	0,499966	0,499967
4	0,499968	0,499970	0,499971	0,499972	0,499973	0,499974	0,499975	0,499976	0,499977	0,499978
4,1	0,499979	0,499980	0,499981	0,499982	0,499983	0,499983	0,499984	0,499985	0,499985	0,499986
4,2	0,499987	0,499987	0,499988	0,499988	0,499989	0,499989	0,499990	0,499990	0,499991	0,499991
4,3	0,499991	0,499992	0,499992	0,499993	0,499993	0,499993	0,499993	0,499994	0,499994	0,499994
4,4	0,499995	0,499995	0,499995	0,499995	0,499996	0,499996	0,499996	0,499996	0,499996	0,499996

Fonte: Adaptado de Sartoris, 2003, p. 403-404.

Anexo 2

Tabela B – Distribuição qui-quadrado

gl	0,50%	1%	2,50%	5%	10%	90%	95%	97,5%	99%	99,5%
1	0,000039	0,00016	0,00098	0,0039	0,0159	2,71	3,84	5,02	6,63	7,88
2	0,0100	0,0201	0,0506	0,103	0,211	4,61	5,99	7,38	9,21	10,60
3	0,072	0,115	0,216	0,352	0,584	6,25	7,81	9,35	11,34	12,84
4	0,21	0,30	0,48	0,71	1,06	7,78	9,49	11,14	13,28	14,86
5	0,41	0,55	0,83	1,15	1,61	9,24	11,07	12,83	15,09	16,75
6	0,68	0,87	1,24	1,64	2,20	10,65	12,59	14,45	16,81	18,55
7	0,99	1,24	1,69	2,17	2,83	12,02	14,07	16,01	18,48	20,28
8	1,34	1,65	2,18	2,73	3,49	13,36	15,51	17,54	20,09	21,96
9	1,74	2,09	2,70	3,33	4,17	14,68	16,92	19,02	21,67	23,59
10	2,16	2,56	3,25	3,94	4,87	15,99	18,31	20,48	23,21	25,19
11	2,60	3,05	3,82	4,58	5,58	17,28	19,68	21,92	24,73	26,76
12	3,07	3,57	4,40	5,23	6,30	18,55	21,03	23,34	26,22	28,30
13	3,57	4,11	5,01	5,89	7,04	19,81	22,36	24,74	27,69	29,82
14	4,08	4,66	5,63	6,57	7,79	21,06	23,69	26,12	29,14	31,32
15	4,60	5,23	6,26	7,26	8,55	22,31	25,00	27,49	30,58	32,80
16	5,14	5,81	6,91	7,96	9,31	23,54	26,30	28,85	32,00	34,27
17	5,70	6,41	7,56	8,67	10,09	24,77	27,59	30,19	33,41	35,72
18	6,27	7,02	8,23	9,39	10,87	25,99	28,87	31,53	34,81	37,16

(continua)

(Tabela B – conclusão)

gl	0,50%	1%	2,50%	5%	10%	90%	95%	97,5%	99%	99,5%
19	6,84	7,63	8,91	10,12	11,65	27,20	30,14	32,85	36,19	38,58
20	7,43	8,26	9,59	10,85	12,44	28,41	31,41	34,17	37,57	40,00
21	8,03	8,90	10,28	11,59	13,24	29,62	32,67	35,48	38,93	41,40
22	8,64	9,54	10,98	12,34	14,04	30,81	33,92	36,78	40,29	42,80
23	9,26	10,20	11,69	13,09	14,85	32,01	35,17	38,08	41,64	44,18
24	9,89	10,86	12,40	13,85	15,66	33,20	36,42	39,36	42,98	45,56
25	10,52	11,52	13,12	14,61	16,47	34,38	37,65	40,65	44,31	46,93
26	11,16	12,20	13,84	15,38	17,29	35,56	38,89	41,92	45,64	48,29
27	11,81	12,88	14,57	16,15	18,11	36,74	40,11	43,20	46,96	49,65
28	12,46	13,57	15,31	16,93	18,94	37,92	41,34	44,46	48,28	50,99
29	13,12	14,26	16,05	17,71	19,77	39,09	42,56	45,72	49,59	52,34
30	13,79	14,95	16,79	18,49	20,60	40,26	43,77	46,98	50,89	53,67
35	17,19	18,51	20,57	22,47	24,80	46,06	49,80	53,20	57,34	60,28
40	20,71	22,16	24,43	26,51	29,05	51,81	55,76	59,34	63,69	66,77
45	24,31	25,90	28,37	30,61	33,35	57,51	61,66	65,41	69,96	73,17
50	27,99	29,71	32,36	34,76	37,69	63,17	67,51	71,42	76,15	79,49
55	31,74	33,57	36,40	38,96	42,06	68,80	73,31	77,38	82,29	85,75
60	35,53	37,49	40,48	43,19	46,46	74,40	79,08	83,30	88,38	91,95
70	43,28	45,44	48,76	51,74	55,33	85,53	90,53	95,02	100,43	104,22
80	51,17	53,54	57,15	60,39	64,28	96,58	101,88	106,63	112,33	116,32
90	59,20	61,75	65,65	69,13	73,29	107,57	113,15	118,14	124,12	128,30
100	67,33	70,07	74,22	77,93	82,36	118,50	124,34	129,56	135,81	140,17

Fonte: Sartoris, 2003, p. 405-406.

Anexo 3

Tabela C – Distribuição F de Snedecor

g. l. do denom.	graus de liberdade do numerador																			
	1	2	3	4	5	6	7	8	9	10	11	12	13	14	15	16	17	18	19	20
1	161,5	199,5	215,7	224,6	230,2	234,0	236,8	238,9	240,5	241,9	243,0	243,9	244,7	245,4	245,9	246,5	246,9	247,3	247,7	248,0
2	18,51	19,00	19,16	19,25	19,30	19,33	19,35	19,37	19,38	19,40	19,40	1,41	19,42	19,42	19,43	19,43	19,44	19,44	19,44	19,45
3	10,13	9,55	9,28	9,12	9,01	8,94	8,89	8,85	8,81	8,79	8,76	8,74	8,73	8,71	8,70	8,69	8,68	8,67	8,67	8,66
4	7,71	6,94	6,59	6,39	6,26	6,16	6,09	6,04	6,00	5,96	5,94	5,91	5,89	5,87	5,86	5,84	5,83	5,82	5,81	5,80
5	6,61	5,79	5,41	5,19	5,05	4,95	4,88	4,82	4,77	4,74	4,70	4,68	4,66	4,64	4,62	4,60	4,59	4,58	4,57	4,56
6	5,99	5,14	4,76	4,53	4,39	4,28	4,21	4,15	4,10	4,06	4,03	4,00	3,98	3,96	3,94	3,92	3,91	3,90	3,88	3,87
7	5,59	4,74	4,35	4,12	3,97	3,87	3,79	3,73	3,68	3,64	3,60	3,57	3,55	3,53	3,51	3,49	3,48	3,47	3,46	3,44
8	5,32	4,46	4,07	3,84	3,69	3,58	3,50	3,44	3,39	3,35	3,31	3,28	3,26	3,24	3,22	3,20	3,19	3,17	3,16	3,15
9	5,12	4,26	3,86	3,63	3,48	3,37	3,29	3,23	3,18	3,14	3,10	3,07	3,05	3,03	3,01	2,99	2,97	2,96	2,95	2,94
10	4,96	4,10	3,71	3,48	3,33	3,22	3,14	3,07	3,02	2,98	2,94	2,91	2,89	2,86	2,85	2,83	2,81	2,80	2,79	2,77
11	4,84	3,98	3,59	3,36	3,20	3,09	3,01	2,95	2,90	2,85	2,82	2,79	2,76	2,74	2,72	2,70	2,69	2,67	2,66	2,65
12	4,75	3,89	3,49	3,26	3,11	3,00	2,91	2,85	2,80	2,75	2,72	2,69	2,66	2,64	2,62	2,60	2,58	2,57	2,56	2,54

(continua)

(Tabela C – continuação)

g. l. do denomin.	graus de liberdade do numerador																			
	1	2	3	4	5	6	7	8	9	10	11	12	13	14	15	16	17	18	19	20
13	4,67	3,81	3,41	3,18	3,03	2,92	2,83	2,77	2,71	2,67	2,63	2,60	2,58	2,55	2,53	2,51	2,50	2,48	2,47	2,46
14	4,60	3,74	3,34	3,11	2,96	2,85	2,76	2,70	2,65	2,60	2,57	2,53	2,51	2,48	2,46	2,44	2,43	2,41	2,40	2,39
15	4,54	3,68	3,29	3,06	2,90	2,79	2,71	2,64	2,59	2,54	2,51	2,48	2,45	2,42	2,40	2,38	2,37	2,35	2,34	2,33
16	4,49	3,63	3,24	3,01	2,85	2,74	2,66	2,59	2,54	2,49	2,46	2,42	2,40	2,37	2,35	2,33	2,32	2,30	2,29	2,28
17	4,45	3,59	3,20	2,96	2,81	2,70	2,61	2,55	2,49	2,45	2,41	2,38	2,35	2,33	2,31	2,29	2,27	2,26	2,24	2,23
18	4,41	3,55	3,16	2,93	2,77	2,66	2,58	2,51	2,46	2,41	2,37	2,34	2,31	2,29	2,27	2,25	2,23	2,22	2,20	2,19
19	4,38	3,52	3,13	2,90	2,74	2,63	2,54	2,48	2,42	2,38	2,34	2,31	2,28	2,26	2,23	2,21	2,20	2,18	2,17	2,16
20	4,35	3,49	3,10	2,87	2,71	2,60	2,51	2,45	2,39	2,35	2,31	2,28	2,25	2,22	2,20	2,18	2,17	2,15	2,14	2,12
25	4,24	3,39	2,99	2,76	2,60	2,49	2,40	2,34	2,28	2,24	2,20	2,16	2,14	2,11	2,09	2,07	2,05	2,04	2,02	2,01
30	4,17	3,32	2,92	2,69	2,53	2,42	2,33	2,27	2,21	2,16	2,13	2,09	2,06	2,04	2,01	1,99	1,98	1,96	1,95	1,93
40	4,08	3,23	2,84	2,61	2,45	2,34	2,25	2,18	2,12	2,08	2,04	2,00	1,97	1,95	1,92	1,90	1,89	1,87	1,85	1,84
50	4,03	3,18	2,79	2,56	2,40	2,29	2,20	2,13	2,07	2,03	1,99	1,95	1,92	1,89	1,87	1,85	1,83	1,81	1,80	1,78
60	4,00	3,15	2,76	2,53	2,37	2,25	2,17	2,10	2,04	1,99	1,95	1,92	1,89	1,86	1,84	1,82	1,80	1,78	1,76	1,75
70	3,98	3,13	2,74	2,50	2,35	2,23	2,14	2,07	2,02	1,97	1,93	1,89	1,86	1,84	1,81	1,79	1,77	1,75	1,74	1,72

(Tabela C — conclusão)

g.l. do denom-min.	graus de liberdade do numerador																		
	1	2	3	4	5	6	7	8	9	10	11	12	13	14	15	16	17	18	19	20
80	3,96	3,11	2,72	2,49	2,33	2,21	2,13	2,06	2,00	1,95	1,91	1,88	1,84	1,82	1,79	1,77	1,75	1,73	1,72	1,70
90	3,95	3,10	2,71	2,47	2,32	2,20	2,11	2,04	1,99	1,94	1,90	1,86	1,83	1,80	1,78	1,76	1,74	1,72	1,70	1,69
100	3,94	3,09	2,70	2,46	2,31	2,19	2,10	2,03	1,97	1,93	1,89	1,85	1,82	1,79	1,77	1,75	1,73	1,71	1,69	1,68
1000	3,85	3,00	2,61	2,38	2,22	2,11	2,02	1,95	1,89	1,84	1,80	1,76	1,73	1,70	1,68	1,65	1,63	1,61	1,60	1,58

Fonte: Adaptado de Sartoris, 2003, p. 410-411.

Anexo 4

Tabela D – Tabela da distribuição t-Student

G.L.	90%	80%	70%	60%	50%	40%	30%	20%	10%	5%	2%	1%
	45%	40%	35%	30%	25%	20%	15%	10%	5%	3%	1%	0,5%
1	0,1584	0,3249	0,5095	0,7265	1,0000	1,3764	1,9626	3,0777	6,3138	12,7060	31,8210	63,6570
2	0,1421	0,2887	0,4447	0,6172	0,8165	1,0607	1,3862	1,8856	2,9200	4,3027	6,9646	9,9248
3	0,1366	0,2767	0,4242	0,5844	0,7649	0,9785	1,2498	1,6377	2,3534	3,1824	4,5407	5,8409
4	0,1338	0,2707	0,4142	0,5686	0,7407	0,9410	1,1896	1,5332	2,1318	2,7764	3,7469	4,6041

(continua)

(Tabela D – continuação)

G.L.	90%	80%	70%	60%	50%	40%	30%	20%	10%	5%	2%	1%
	45%	40%	35%	30%	25%	20%	15%	10%	5%	3%	1%	0,5%
5	0,1322	0,2672	0,4082	0,5594	0,7267	0,9195	1,1558	1,4759	2,0150	2,5706	3,3649	4,0321
6	0,1311	0,2655	0,4043	0,5534	0,7176	0,9057	1,1342	1,4398	1,9432	2,4469	3,1427	3,7074
7	0,1303	0,2632	0,4015	0,5491	0,7111	0,8960	1,1192	1,4149	1,8946	2,3646	2,9980	3,4995
8	0,1297	0,2619	0,3995	0,5459	0,7064	0,8889	1,1081	1,3968	1,8595	2,3060	2,8965	3,3554
9	0,1293	0,2610	0,3979	0,5435	0,7027	0,8834	1,0997	1,3830	1,8331	2,2622	2,8214	3,2498
10	0,1289	0,2602	0,3966	0,5415	0,6998	0,8791	1,0931	1,3722	1,8125	2,2281	2,7638	3,1693
11	0,1286	0,2596	0,3956	0,5399	0,6974	0,8755	1,0877	1,3634	1,7959	2,2010	2,7181	3,1058
12	0,1283	0,2590	0,3947	0,5339	0,6955	0,8726	1,0832	1,3562	1,7823	2,1788	2,6810	3,0545
13	0,1281	0,2586	0,3940	0,5375	0,6938	0,8702	1,0795	1,3502	1,7709	2,1604	2,6503	3,0123
14	0,1280	0,2582	0,3933	0,5366	0,6924	0,8681	1,0763	1,3450	1,7613	2,1448	2,6245	2,9768
15	0,1278	0,2579	0,3928	0,5357	0,6912	0,8662	1,0735	1,3406	1,7531	2,1314	2,6025	2,9467
16	0,1277	0,2576	0,3923	0,5350	0,6901	0,8647	1,0711	1,3368	1,7459	2,1199	2,5835	2,9208
17	0,1276	0,2573	0,3919	0,5344	0,6892	0,8633	1,0690	1,3334	1,7396	2,1098	2,5669	2,8982
18	0,1274	0,2571	0,3915	0,5338	0,6884	0,8620	1,0672	1,3304	1,7341	2,1009	2,5524	2,8784
19	0,1274	0,2569	0,3912	0,5333	0,6876	0,8610	1,0655	1,3277	1,7291	2,0930	2,5395	2,8609
20	0,1273	0,2567	0,3909	0,5329	0,6870	0,8600	1,0640	1,3253	1,7247	2,0860	2,5280	2,8453
21	0,1272	0,2566	0,3906	0,5325	0,6864	0,8591	1,0627	1,3232	1,7207	2,0796	2,5176	2,8314

(Tabela D – conclusão)

G.L.	90%	80%	70%	60%	50%	40%	30%	20%	10%	5%	2%	1%
	45%	40%	35%	30%	25%	20%	15%	10%	5%	3%	1%	0,5%
22	0,1271	0,2564	0,3904	0,5321	0,6858	0,8583	1,0614	1,3212	1,7171	2,0739	2,5083	2,8188
23	0,1271	0,2563	0,3902	0,5317	0,6853	0,8575	1,0603	1,3195	1,7139	2,0687	2,4999	2,8073
24	0,1270	0,2562	0,3900	0,5314	0,6848	0,8569	1,0593	1,3178	1,7109	2,0639	2,4922	2,7969
25	0,1269	0,2561	0,3898	0,5312	0,6844	0,8562	1,0584	1,3163	1,7081	2,0595	2,4851	2,7874
26	0,1269	0,2560	0,3896	0,5309	0,6840	0,8557	1,0575	1,3150	1,7056	2,0555	2,4786	2,7787
27	0,1268	0,2559	0,3894	0,5306	0,6837	0,8551	1,0567	1,3137	1,7033	2,0518	2,4727	2,7707
28	0,1268	0,2558	0,3893	0,5304	0,6834	0,8546	1,0560	1,3125	1,7011	2,0484	2,4671	2,7633
29	0,1268	0,2557	0,3892	0,5302	0,6830	0,8542	1,0553	1,3114	1,6991	2,0452	2,4620	2,7564
30	0,1267	0,2556	0,3890	0,5300	0,6828	0,8538	1,0547	1,3104	1,6973	2,0423	2,4573	2,7500
40	0,1265	0,2550	0,3881	0,5286	0,6807	0,8507	1,0500	1,3031	1,6839	2,0211	2,4233	2,7045
50	0,1263	0,2547	0,3875	0,5278	0,6794	0,8489	1,0473	1,2987	1,6759	2,0086	2,4033	2,6778
100	0,1260	0,2540	0,3864	0,5261	0,6770	0,8452	1,0418	1,2901	1,6602	1,9840	2,3642	2,6259
Inf.	0,1257	0,2533	0,3853	0,5244	0,6745	0,8416	1,0364	1,2816	1,6449	1,9600	2,3263	2,5758

Fonte: Sartoris, 2003, p. 406-407.

Respostas

Capítulo 1

Atividades de autoavaliação

1. a
2. c
3. d
4. c
5. d

Questões para reflexão

1. Os principais tipos de dados utilizados pelas ciências econômicas são: séries temporais, dados em série transversal, dados combinados e dados em painel ou corte longitudinal.

2. Dados primários são os juízos ou as opiniões de pessoas sobre determinado assunto e são recolhidos por um instrumento de coleta de dados como o questionário. Para que sejam considerados primários, não podem ter sido coletados e tratados para atender a alguma pesquisa anterior. Além disso, eles são coletados para atender a uma demanda específica.

3. Os dados secundários são aqueles que foram coletados, organizados e analisados com algum objetivo anterior. Normalmente, são oriundos das bases de dados dos institutos de pesquisa como o IBGE, a FGV e o Ipea, entre outros.

4. Os principais problemas que podem surgir da escolha descuidada das fontes de dados são: observação, arredondamento, metodologia de obtenção de dados, nível de agregamento e confidencialidade.

Capítulo 2

Atividades de autoavaliação

1. b
2. d
3. a
4. c
5. a

Questões para reflexão

1. Média aritmética: 1.404,9;
   média geométrica: 1.404,3;
   média harmônica: 1.403,8.

2. Desvio padrão: 42,1;
   variância: 1.770,8.

Capítulo 3

Atividades de autoavaliação

1. b
2. b
3. a
4. b
5. c

Questões para reflexão

1. Média amostral: 34.
2. Desvio padrão: 9,10;
   variância: 82,8.

Capítulo 4

Atividades de autoavaliação

1. a
2. c
3. d
4. b
5. a

Questão para reflexão

1.
   a) $\hat{\beta}_1 = -10,65$
   b) $\hat{\beta}_2 = -1,93$
   c) $\hat{Y}_i = -10,65 + 1,93\hat{X}_i$
   d) $\hat{\sigma}^2 = 13,783$
   e) $\hat{\sigma} = 3,712$
   f) $Var(\hat{\beta}_2) = 0,061$
   g) $Ep(\hat{\beta}_2) = 0,246$
   h) $Var(\hat{\beta}_1) = 0,071$
   i) $Ep(\hat{\beta}_1) = 0,267$

Capítulo 5

Atividades de autoavaliação

1. e
2. a
3. b
4. b
5. a

Questões para reflexão

1.
   a) $\hat{\beta}_1 = 658,610$
   b) $\hat{\beta}_2 = 29,542$
   c) $\hat{\beta}_3 = 709,871$

Capítulo 6

Atividades de autoavaliação

1. a
2. e

3. c
4. d
5. a

Questões para reflexão

1.

	Juros	Lucro	u_i	u_i^2
1	0,72	2	0,432	0,186
2	0,68	6	0,392	0,153
3	0,65	8	0,362	0,131
4	0,6	9	0,312	0,097
5	0,58	11	0,292	0,085
6	0,532	12	0,244	0,059
7	0,51	15	0,222	0,049
8	0,495	20	0,207	0,043
9	0,452	25	0,164	0,027
10	0,398	30	0,110	0,012
11	0,364	35	0,076	0,006
12	0,3738	45	0,086	0,007
		Soma	2,896	0,856

2. IAS = 1,13
   Sauerbeck = 1,15

Atividade aplicada: prática

1. Índice de Laspeyres = 1,120.
2. Índice de Paasche = 1,116.
3. Índice de Fisher = 1,118.

Sobre o autor

Luiz Rogério Alves dos Santos é graduado (2008) em Ciências Econômicas e mestre (2017) em Desenvolvimento Econômico pela Universidade Federal do Paraná (UFPR). Atualmente, é sócio do Instituto de Educação São Braz Ltda., instituição da área de treinamento e desenvolvimento profissional, a qual desenvolve cursos e conteúdo para cursos de informática para gestores, de matemática financeira e de reforço escolar para universitários.

Os papéis utilizados neste livro, certificados por instituições ambientais competentes, são recicláveis, provenientes de fontes renováveis e, portanto, um meio responsável e natural de informação e conhecimento.

FSC
www.fsc.org
MISTO
Papel produzido a partir de fontes responsáveis
FSC® C103535

Impressão: Reproset
Abril/2021